Gesetz,

betreffend die

Patentanwälte.

Vom 21. Mai 1900.

Nebst Ausführungsverordnungen.

Erläutert von

Dr. jur. R. Stephan,

Geheimer Regierungsrath und Mitglied des Kaiserlichen Patentamts.

Berlin 1900.

J. Guttentag, Verlagsbuchhandlung

G. m. b. H.

Inhaltsverzeichniß.

Abkürzungen.

BGB. = Bürgerliches Gesetzbuch.
CPO. = Civilprozeßordnung.
GVG. = Gerichtsverfassungsgesetz.
HGB. = Handelsgesetzbuch.
Kom.Bericht = Kommissionsbericht.
Planck = Dr. G Planck' Kommentar zum Bürgerlichen Gesetzbuch.
RG. = Reichsgericht.
StGB. = Strafgesetzbuch
StPO = Strafprozeßordnung.

Einleitung.

Die berufsmäßige Vertretung in denjenigen Gegenständen des gewerblichen Rechtsschutzes, deren Verwaltung dem Kaiserlich deutschen Patentamte obliegt, nämlich in Patentsachen, Gebrauchsmusterschutz- und Waarenzeichensachen, war bisher von der Erfüllung irgendwelcher formeller oder materieller Voraussetzungen nicht abhängig. Sie galt lediglich als gewerbsmäßige Besorgung fremder Rechtsangelegenheiten und bei Behörden wahrzunehmender Geschäfte im Sinne des § 5 Abs. 3 R.Gew.Ord. und konnte daher von jedem zu einem selbstständigen Geschäftsbetrieb Berechtigten vorgenommen werden. In Folge dessen bedurfte es nur der Anzeige der Eröffnung dieses Gewerbebetriebes bei der zuständigen Behörde, und der Gewerbebetrieb war nur dann zu untersagen, wenn Thatsachen vorlagen, welche die Unzuverlässigkeit des Gewerbetreibenden in Bezug auf seinen Gewerbebetrieb ergaben. Ueber die Klage auf Untersagung des Geschäftsbetriebes, welche die Polizeibehörde des Betriebs-, nicht des Wohnortes zu erheben hatte, war im Verwaltungsstreitverfahren (in Preußen durch den Kreis- oder Stadt- bezw. Bezirksausschuß, Zuständ.Ges. v. 1. August 1883 § 119 Abs. 1) Entscheidung zu treffen.

Die Unvollkommenheit eines solchen Rechtszustandes lag auf der Hand. Einerseits konnte Jedermann, mochte er technisch oder juristisch noch so wenig vorgebildet oder befähigt sein, sich mit der Vertretung in gewerblichen Rechtsschutzsachen befassen. Hieraus erwuchsen aber nicht allein für das schutzsuchende Publikum offensichtliche Nachtheile, sondern auch für das Patentamt Schwierigkeiten im Verkehr mit einem so gearteten Vertreterstande. Andererseits war der Nachweis der Unzuverlässigkeit eines berufsmäßigen Vertreters nur selten und schwer auf Grund bestimmter Thatsachen zu führen, abgesehen von seiner etwa sonst mehr oder weniger gegebenen Unfähigkeit, die an sich keinen Grund zur Ausschließung bildete. Auch stand die Entscheidung der Frage einer dem berufsmäßigen Vertreter vorgeworfenen Unzuverlässigkeit Behörden zu, welche nur auf Grund fremder Mittheilungen, nicht an der Hand eigener Erfahrungen und Wahrnehmungen die erforderliche Ansicht gewinnen konnten. Ueberdies bot der repressive Charakter der Vorschrift der Gewerbeordnung immer nur halben Schutz, während prophylaktische Maßregeln unzuverlässigen und unfähigen

Personen den Beruf als Vertreter überhaupt versperrt gehabt hätten. Endlich stand dem Patentamte die Maßnahme der § 157 CPO., wonach das Gericht Bevollmächtigten und Vertretern, denen die Fähigkeit zum geeigneten Vortrag mangelt, den weiteren Vortrag untersagen kann, nicht zur Seite, ganz abgesehen davon, daß diese Vorschrift sich nur auf mündliche Verhandlungen erstreckt, für die Beanstandung ungenügender Eingaben und Schriftsätze aber keine Handhabe bietet.

Es erschien daher dringend geboten, die Wege zu finden, daß überhaupt nur solche Personen zur berufsmäßigen Vertretung in Sachen des gewerblichen Rechtsschutzes zuzulassen sind, deren Zuverlässigkeit hinsichtlich ihrer Fähigkeiten und Kenntnisse, sowie namentlich auch ihres Charakters die unerläßliche Gewähr für eine zufriedenstellende Erfüllung ihres Berufes bietet. Die Behebung eines solchen allgemein empfundenen Mangels konnte aber nicht an der Hand einzelner, etwa sinngemäß angewandter anderweitiger Bestimmungen, sondern nur auf Grund einer allgemeinen gesetzlichen Regelung und Ordnung des Standes der berufsmäßigen Vertreter in Sachen des gewerblichen Schutzrechtes gefunden werden.

Schon bei Berathung der Novelle zum ersten Patentgesetz (vom 25. Mai 1877) wurde von der Reichstagskommission die Organisation des Patentanwaltstandes besonders aus dem Grunde für wünschenswerth erachtet, weil es für den ersprießlichen Erfolg der Thätigkeit des Patentamts nöthig sei, daß letzterem eine auf der erforderlichen Höhe technischer und, soweit thunlich, juristischer Ausbildung stehende Patentanwaltschaft lauteren Charakters gegenüberstehe; gleichzeitig wurde anerkannt, daß die bestehenden, obengenannten Vorschriften der Gewerbeordnung eine solche Garantie weder hinsichtlich der moralischen Haltung noch hinsichtlich der Tüchtigkeit der Vertreter gewähre, und daß die erwähnte Bestimmung der Gewerbeordnung die Entscheidung in die Hand einer dem Vertreter und seinem Geschäftsbetriebe fernstehenden Behörde und nicht derjenigen Behörde zuweise, welche berufen und geeignet sei, diese Kontrole auszuüben, nämlich dem Patentamte.

Indessen wurde der Gedanke einer gesetzlichen Organisation des Patentanwaltstandes zunächst nicht weiter verfolgt, bis er späterhin namentlich infolge Inkrafttretens des neuen Patentgesetzes und des Gesetzes zum Schutz der Gebrauchsmuster (am 1. Oktober 1891) sowie des Gesetzes zum Schutze der Waarenbezeichnungen (am 1. Oktober 1894), deren Inanspruchnahme an die Vertreter der Schutzsucher immer größere Anforderungen rücksichtlich der technischen und juristischen Kenntnisse stellte, neu belebt wurde.

Den in der Folgezeit immer stärker hervortretenden Wünschen trug die Regierung durch Ausarbeitung eines Entwurfs Rechnung, nach welchem jedoch die Zulassung zur Patentanwaltschaft jedem verfügungsfähigen, unbescholtenen Bewerber gewährt, und weder von dem Nachweise einer bestimmten Vorbildung noch von der Ablegung einer Prüfung abhängig gemacht, eine Befähigungsfeststellung vielmehr erst nachträglich in einem auf etwaige Ausschließung gerichteten Verfahren vorgenommen werden sollte.

Ein diesen Grundsätzen entsprechender Entwurf fand zunächst die Billigung berufener Sachverständiger, stieß aber bei seiner Veröffentlichung auf laute Bedenken namentlich auf Seiten eines Theiles der Patentanwaltschaft, der von der Meinung ausging, daß das Ansehen des Standes, besonders gegenüber der Rechtsanwaltschaft, herabgedrückt würde, wenn nicht die Zulassung von denselben Voraussetzungen abhängig gemacht würde, wie die zur letzteren. Die Richtigkeit dieser Ansicht mag dahin gestellt bleiben. Da jedoch der Hauptzweck des Gesetzes der sein soll, auf Grund einer gesetzlichen Organisation des Standes der Patentanwälte das auf gewerblichem Gebiete schutzsuchende Publikum auf solche Personen hinzuweisen, welche die für Nachsuchung und Sicherung des Schutzes erforderlichen Kenntnisse und Erfahrungen besitzen, dieser Zweck aber durch Einführung eines Befähigungsnachweises sicherer erreicht wird als durch anfängliche freie Zulassung und etwa spätere Ausschließung, so hat der zweite, zum Gesetz erhobene Entwurf dieser Anforderung Rechnung getragen.

Der Befähigungsnachweis ist somit nach dem Gesetz die Grundbedingung, von welcher das Recht auf Eintragung in die Liste der Patentanwälte abhängig gemacht ist. Außerdem fordert das Gesetz, daß der in die Liste einzutragende Patentanwalt wenn auch nicht das deutsche Indigenat besitzt, so doch seinen Wohnsitz im Inlande genommen, daß er das fünfundzwanzigste Lebensjahr vollendet hat, sowie daß er unbeschränkt geschäftsfähig ist. Besonderes Gewicht legt das Gesetz, um einen makellosen Stand zu schaffen und zu erhalten, auf ein der Achtung, welche der Beruf erfordert, würdiges Verhalten, indem es unwürdiges Verhalten als Grund zur Versagung der nachgesuchten sowie zur Löschung der erfolgten Eintragung ausdrücklich anführt (§ 2). Der Befähigungsnachweis erstreckt sich auf das technische wie auf das juristische Gebiet. In ersterer Hinsicht werden das Studium naturwissenschaftlicher und technischer Fächer auf einer inländischen, u. U. auch ausländischen Hochschule, alsdann die Ablegung einer staatlichen oder akademischen Fachprüfung sowie eine praktische Thätigkeit auf gewerblichem Gebiete, insbesondere auch auf dem des gewerblichen Rechtsschutzes, verlangt. Der Nachweis juristischer Kenntnisse andererseits ist durch Ablegung einer Prüfung zu führen, die vor einer besonderen, aus Mitgliedern des Patentamts und der Patentanwaltschaft bestehenden Kommission abzulegen ist (§§ 3, 4). Sind alle diese Voraussetzungen erfüllt, dann steht der Eintragung des Antragstellers in die Liste der Patentanwälte nichts im Wege. Daß die Liste vom Patentamt geführt wird, erscheint aus dem Grunde selbstverständlich, weil diese zur Verwaltung des gewerblichen Rechtsschutzes berufene Behörde am Besten in der Lage ist, die Beaufsichtigung über die berufsmäßigen Vertreter in Sachen dieses Schutzes zu führen, diese in ihren Fähigkeiten, Kenntnissen und ihrem Verhalten durch den ständigen Verkehr mit ihnen zu kennen und zu beurtheilen (§ 1).

Durch die Eintragung erlangt der Antragsteller die Rechte und Pflichten eines Patentanwalts. Aehnlich dem Rechtsanwalt ist der Patentanwalt zwar kein Staatsbeamter, wohl aber nimmt er eine Stellung öffentlich-rechtlicher Natur ein, insofern ihm dieselbe nach Erfüllung bestimmter gesetzlicher Voraussetzungen von einer Staats-(Reichs-)Behörde eingeräumt wird, andererseits auch nur auf Grund eines besonderen Verfahrens entzogen werden kann. Die Thätigkeit des Patentanwalts stellt somit auch keinen Gewerbebetrieb mehr dar, sondern einen gesetzlich geregelten Beruf. Infolgedessen hat auch nur der in die Liste eingetragen stehende Patentanwalt das Recht, den Titel als Patentanwalt zu führen, jeder andere macht sich durch Führung dieses Titels strafbar. Auch können andere, nicht in die Liste eingetragene Vertreter, sofern sie nicht Rechtsanwälte sind, von den Vertretungsgeschäften durch den Präsidenten des Patentamts ausgeschlossen werden. Endlich sollen die eingetragenen Patentanwälte nicht mehr gewerbepolizeilichen Beschränkungen unterworfen sein (§§ 5, 17—19).

Wie Licht und Schatten auch im Rechtsleben immer gleichmäßig vertheilt sein müssen, so stehen den Rechten auch ernste Pflichten gegenüber, sowohl was die Berufsthätigkeit, als auch was das moralische Verhalten betrifft. Erstere ist gewissenhaft, nach bestem Wissen und Gewissen auszuüben, haftet doch der Patentanwalt für omnis culpa auch Seitens seiner Angestellten (§§ 276—278 BGB.), andererseits muß der Patentanwalt rücksichtlich seines Verhaltens innerhalb und auch außerhalb seines Berufes seiner nunmehr staatlich anerkannten und geordneten Stellung stets eingedenk sein (§ 5).

Verletzt der Patentanwalt die ihm obliegenden Berufs- und Anstandspflichten, dann hat er, abgesehen von einer Bestrafung in leichteren Fällen, die in Verweis oder Geldstrafe bestehen kann, die Löschung seiner Eintragung in der Liste zu gewärtigen, die jedoch nur auf Grund einer im ehrengerichtlichen

Verfahren ergehenden Entscheidung erfolgen kann. Das ehrengerichtliche Verfahren setzt sich im Wesentlichen aus der Untersuchung, mündlichen Verhandlung und Entscheidung zusammen, und sollen die entsprechenden Bestimmungen der Strafprozeßordnung sinngemäße Anwendung finden (§§ 7—12).

Für das Vertrauen, welches das Gesetz dem Stande entgegenbringt, spricht der Umstand, daß das Ehrengericht (I. Instanz) gleichwie der Ehrengerichtshof (II. Instanz), sogar in ihrer Mehrheit (3 : 2 bezw. 4 : 3), aus Berufsgenossen des angeschuldigten Patentanwaltes bestehen sollen; auch soll ein zum Vertheidiger erwählter Berufsgenosse als solcher zugelassen werden. Gegen die erstinstanzliche, dem Angeschuldigten ungünstige Entscheidung ist ihm das Rechtsmittel der Berufung gegeben, über welche der Ehrengerichtshof zu entscheiden hat, der in der genannten Weise sich zusammensetzt. Um dem Odium seiner Löschung in der Liste infolge ehrengerichtlicher Entscheidung zu entgehen, hat endlich der Angeschuldigte vor rechtskräftiger Entscheidung das Recht, die Löschung seines Namens in der Liste zu beantragen, um hierdurch die Einstellung des Verfahrens herbeizuführen (§§ 10, 12, 13).

Auch der ständigen Vertreter der Patentanwälte gedenkt das Gesetz in fürsorglicher Weise ausdrücklich, insofern es auch ihre Aufnahme in die amtliche Liste der Patentanwälte (in besonderer Spalte) zuläßt, allerdings auch nur unter bestimmten Erfordernissen, die den an die Patentanwälte gestellten ähnlich, jedoch dem Stande entsprechend milder bemessen sind (§ 16).

Da der Stand der Patentanwälte, der nunmehr vom Gesetz von Grund aus neugeordnet ist, bereits seit geraumer Zeit besteht, so bedurfte es billiger Weise auch überbrückender Bestimmungen, um den alten Zustand in den neuen überzuleiten. Unter thunlichster Berücksichtigung der früheren Verhältnisse, als an die berufsmäßigen Vertreter in gewerblichen Schutzangelegenheiten noch keine besonderen Anforderungen gestellt wurden, verlangt das Gesetz von denjenigen berufsmäßigen Vertretern die bereits seit Anfang 1899 das Vertretergeschäft ausüben, nur, daß ihre bisherige Thätigkeit und Führung zu erheblichen Beanstandungen keine Veranlassung gegeben haben, und befreit sie sogar von der Erbringung des Nachweises des Besitzes technischer Fähigkeiten, juristischer Kenntnisse und praktischer gewerblicher Beschäftigung, sowie von Ablegung der Prüfung; während diejenigen Vertreter, welche erst nach dem gedachten Termin das Vertretergeschäft betreiben, bis zum 1. April 1901, ohne bis dahin von der Ausübung ihres Berufes ausgeschlossen zu sein, die allgemein nunmehr vorgeschriebenen, gesetzlichen Erfordernisse zu erfüllen, auch die Zulassung zur Prüfung zu beantragen haben (§ 20).

Endlich ist den nicht selbstständigen Vertretern sowie auch technischen Beamten des Patentamts die Möglichkeit gegeben, sofern erstere seit dem mehrgenannten Tage, letztere mindestens zwei Jahre hindurch im Patentamt thätig waren und zu erheblicher Beanstandung ihrer Thätigkeit und Führung keine Veranlassung gegeben haben, auch ohne Führung des sonst vorgeschriebenen Befähigungsnachweises die Möglichkeit gegeben, sich das Zeugniß über die Befähigung als ständiger Vertreter eines Patentanwaltes ausstellen zu l assen, sich späterhin der Prüfung zu unterziehen und nach deren Ablegung sich in die Patentanwaltsamtsliste eintragen zu lassen, sofern nicht etwa die übrigen gesetzlichen Versagungsgründe vorliegen (§ 21).

Vergegenwärtigt man sich die vorstehenden wesentlichen Bestimmungen des Gesetzes näher, so muß man zu dem Schlusse gelangen, daß dasselbe einen bedeutsamen Fortschritt auf dem Gebiete der Vertretung in Angelegenheiten des gewerblichen Rechtsschutzes und somit für letztern selbst darstellt. Die bisher unverkennbar vorhandenen Unzuträglichkeiten sind behoben, die bei ihrer Beseitigung entgegengetretenen Schwierigkeiten in einer allseitig befriedigenden Weise gelöst. Möge daher auch dieses neue, wohl vorbereitete, nicht allein von den berufenen Vertretern des deutschen Volkes gebilligte, sondern namentlich auch von hinzugezogenen Vertretern der zunächst betheiligten Kreise eingehend erwogene Gesetz unserer vaterländischen Industrie zum Segen gereichen.

Berlin, im August 1900.

Dr. Stephan.

(2670)

Gesetz,

betreffend die

Patentanwälte.

Vom 21. Mai 1900.

(RGBl. 1900 Nr 17. S. 233–238.)

Wir Wilhelm, von Gottes Gnaden Deutscher Kaiser, König von Preußen ꝛc.
verordnen im Namen des Reichs, nach erfolgter Zustimmung des Bundesraths und des Reichstags, was folgt:

§. 1.

Bei dem Kaiserlichen Patentamte[1]) wird eine Liste[2]) der Patentanwälte geführt. In die Liste werden Personen, welche Andere in Angelegenheiten, die zum Geschäftskreise des Patentamts gehören,[3]) vor demselben für eigene Rechnung[4]) berufsmäßig[5]) vertreten wollen, auf ihren Antrag[6]) eingetragen.

1. Das Kaiserliche Patentamt, in's Leben gerufen durch (das erste) Patentgesetz vom 25. Mai 1877 (§ 13),

hat seinen Sitz in Berlin. Infolge der dauernden Verbindung, in welcher das Patentamt mit den berufsmäßigen Vertretern in Sachen des gewerblichen Rechtsschutzes steht, ist es am ehesten und besten in der Lage, ihre Fähigkeiten und Kenntnisse sowie ihr Verhalten zu kennen und zu beurtheilen und somit Ordnung und Beaufsichtigung des Standes durchzuführen.

2. Die Liste ist nicht öffentlich, wohl aber werden Eintragungen und Löschungen in der Liste bekannt gemacht (§ 15), auch werden auf Antrag Abschriften von ihrem Inhalte mitgetheilt.

3. Zum Geschäftskreise des Patentamts gehören folgende Angelegenheiten:

a) Ertheilung, Erklärung der Nichtigkeit und Zurücknahme der Patente (§ 13 Patentgesetzes vom 7. April 1891, RGBl. 1891 S. 79 ff.);

b) Eintragung und Löschung der Gebrauchsmuster (§§ 2, 6; 8 Ges., betr. den Schutz der Gebrauchsmuster, vom 1. Juni 1891 (RGBl. 1891 S. 40 ff.);

c) Eintragung und Löschung der Waarenzeichen (§§ 2, 8, 10 Ges zum Schutz der Waarenbezeichnungen, vom 12. Mai 1894, RGBl. 1894 S. 441);

d) Erstattung von Gutachten über eingetragene Patente, Gebrauchsmuster und Waarenzeichen betreffende Fragen auf Ersuchen der Gerichte, sofern in einem gerichtlichen Verfahren von einander abweichende Gutachten mehrerer Sachverständiger vorliegen (§ 18 Pat.Ges., § 14 Gebr.-M.Sch.Ges., Kais. Verord. vom 30. Juni 1894, RGBl. 1894 S 495 § 11 Waarenzeich.Sch.Ges.

4. Für eigene Rechnung d. h. selbstständig, unter eigener Verantwortlichkeit, nicht als Gehülfe oder Vertreter eines anderen Vertreters.

5. Berufsmäßige Vertretung im Gegensatz zu gelegentlicher oder vorübergehender. — Berufsmäßige Thätigkeit ist die zu Lebenszweck und Lebensunterhalt gewählte Thätigkeit. Sie begründet die Verpflichtung, sich der gestellten Aufgabe mit besonderer Sorgfalt zu widmen, und erheischt und bewirkt eine höhere Verantwortlichkeit für Anwendung der gebotenen Einsicht und Sachkunde, als solche unter gleichen oder ähnlichen Verhältnissen von jedem Anderen gefordert werden muß Vgl. RG. vom 2. Dez. 1880 E. 3. S. 84.

6. Der Antrag auf Eintragung ist schriftlich, nicht mündlich oder protokollarisch zu stellen; er ist gebühren- und stempelfrei.

§. 2.

Die Eintragung ist nur zulässig,[1]) wenn der Antragsteller gemäß den §§. 3, 4 seine technische Befähigung und den Besitz der erforderlichen Rechtskenntnisse nachweist.[2])

Im Uebrigen[3]) ist die Eintragung zu versagen:[4])

1. wenn der Antragsteller nicht im Inlande[5]) wohnt;[6])
2. wenn er das fünfundzwanzigste Lebensjahr nicht vollendet hat;
3. wenn er in der Verfügung über sein Vermögen durch gerichtliche Anordnung beschränkt ist;[7])

4. wenn er sich eines unwürdigen Verhaltens[8]) schuldig gemacht hat. Als ein unwürdiges Verhalten sind politische, wissenschaftliche und religiöse Ansichten oder Handlungen als solche nicht anzusehen.[9])

Wird die Eintragung gemäß Abs. 2 Nr. 4 versagt, so ist ausschließlich eine Beschwerde nach Maßgabe der folgenden Bestimmungen zulässig.[10]) Die Beschwerde[9]) ist innerhalb eines Monats nach der Zustellung der Entscheidung schriftlich bei dem Patentamt anzumelden. Ueber die Beschwerde entscheidet das Ehrengericht.[11]) Auf das Verfahren finden die Vorschriften des §. 9 Abs. 2, 3 und der §§. 10, 11, 12 und 13 entsprechende Anwendung.

1. Die Gründe, aus welchen die nachgesuchte Eintragung in die Liste der Patentanwälte versagt werden kann und muß, sind im § 2 erschöpfend angeführt, andere können als gesetzlich unzulässig nicht entgegengehalten werden. Das Gesetz verlangt vom Bewerber einerseits technische Befähigung auf Grund einer bestimmten wissenschaftlichen und praktischen Ausbildung sowie die für den Beruf nothwendigen Rechtskenntnisse, andererseits bestimmte persönliche Voraussetzungen auf Seiten des Bewerbers: Wohnort im Inlande, Altersreife, rechtliche Selbstständigkeit (unbeschränkte Geschäftsfähigkeit) und ehrenhaftes Verhalten. Von den angeführten Versagungsgründen genügt stets schon einer zur Ablehnung der nachgesuchten oder zur Löschung der erfolgten Eintragung (§ 6); unbeschadet späterer Beseitigung der Abs. 2 zu 1—3 angeführten

Gründe, während ein unwürdiges Verhalten die Zulassung dauernd ausschließt.

2. Der Nachweis der technischen Befähigung ist durch Vorlegung der über die technisch-wissenschaftliche und die praktische Ausbildung ausgestellten amtlichen oder amtlich beglaubigten Bescheinigungen (§ 3), der Nachweis des Besitzes der erforderlichen Rechtskenntnisse durch Ablegung einer Prüfung vor dem Patentamt (§ 4) zu führen. S. unten unter Prüfungsordnung.

3. „Im Uebrigen", d. h. abgesehen von dem im Abs. 1 behandelten Befähigungsnachweis. Vor Prüfung des letzteren ist zunächst festzustellen, ob die im Abs. 2 zu Nr. 1 und 2 aufgeführten persönlichen Voraussetzungen des Antragstellers vorliegen, während die im Abs. 2 zu 3 u. 4 angeführten Versagungsgründe solange als nicht vorhanden anzunehmen sind, als nicht die entsprechenden Unterlagen für ihr Vorhandensein gegeben sind.

4. Die Versagung der Eintragung aus den Abs. 2 1—3 angeführten Gründen ist — abgesehen von dem im Abs. 3 besonders behandelten Falle der Versagung aus dem Abs. 2 Nr. 4 angeführten Grunde — durch Entscheidung auszusprechen und dem Bewerber schriftlich mitzutheilen. Gegen die Entscheidung, die an keine Frist oder Form gebunden, ist Beschwerde im Dienstaufsichtswege, d. h. bei der vorgeordneten Behörde des Patentamts, dem Reichsamt des Innern, zulässig.

5. Unter „Inland" ist das Gebiet des Deutschen Reiches zu verstehen. Die deutschen Schutzgebiete gehören, namentlich da es sich nicht um die Geltung dort eingeführter Reichsgesetze handelt, nicht zum Deutschen Reiche, da sie mit ihm nicht verfassungsmäßig verbunden sind. R.Verf. Art. 1. Laband, Staatsrecht I S. 755.

6. In konsequenter Befolgung der analogen Bestimmungen der gewerblichen Schutzgesetze (Pat.Ges. § 12, Gebrauchsmusterschutzgesetz § 13, Waarenzeichenschutzgesetz § 23) fordert das Gesetz im Interesse internationaler Reciprocität vom Bewerber nicht, daß er die Reichsangehörigkeit besitzt, wohl aber verlangt es, daß er im Inlande, d. h. im deutschen Reichsgebiete, wohnt. Es genügt jedoch nicht ein bloßes Wohnen, sondern es wird, wie aus § 6 Nr. 3 hervorgeht, vom Bewerber verlangt, daß er seinen Wohnsitz, d. i. nach § 7 BGB. eine ständige Niederlassung an einem bestimmten Ort im Inlande genommen hat (RG. 22, 386).

7. Rechtlich beschränkt im vorstehenden Sinne ist — abgesehen von den hier nach Abs. 2 Nr. 2 nicht in Betracht kommenden Minderjährigen (Personen unter 21 Jahren) — derjenige, welcher wegen Geistesschwäche, Verschwendung oder Trunksucht entmündigt oder der, falls seine Entmündigung beantragt ist, zur Abwendung erheblicher Gefährdung seiner Person oder seines Vermögens unter vorläufige Vormundschaft gestellt ist (§§ 114, 6, 106, 1906 BGB., §§ 645 ff., 680 ff. CPO.), sowie derjenige, über dessen Vermögen das Konkursverfahren eröffnet ist (§ 6 Konk.O.).

8. Unter „unwürdigem Verhalten" ist ein mit der Würde des Berufes eines Patentanwaltes unvereinbares Betragen und zwar sowohl innerhalb (in Ausübung) als auch außerhalb des Berufes zu verstehen. Unwürdigkeit des Verhaltens kann schon auf Grund eines einzigen Falles oder auch schon auf Grund einer rechtskräftigen gerichtlichen Verurtheilung als vorliegend angenommen werden; sie ist dem Antragsteller nachzuweisen, unbeschadet seiner Befugniß und Verpflichtung zum Nachweise ihrer mangelnden Begründung.

Aberkennung der bürgerlichen Ehrenrechte ist als Grund zur Versagung der nachgesuchten Eintragung oder zur Löschung der Eintragung als offenbar entbehrlich nicht besonders angeführt, da eine dieser Strafe zu Grunde gelegte Handlung stets ein unwürdiges Verhalten einschließen wird.

Bei Anwendung der Bestimmung wird man zu unterscheiden haben, ob der Antragsteller sich bereits mit der berufsmäßigen Vertretung in den zum Geschäftskreise des Patentamtes gehörenden Angelegenheiten beschäftigt hat oder nicht. Der Gesetzgeber hat offenbar den ersten Fall zunächst im Auge gehabt, während in letzterem Falle mehr Verstöße im Privatleben, also solche mehr moralischen Charakters, zu berücksichtigen sein werden. Als Verstöße im Privatleben würden zu gelten haben: Leichtfertiges Schuldenmachen, Trunksucht, Spielsucht, geschlechtliche Unsittlichkeit, unangemessenes, ärgernißerregendes Benehmen an öffentlichen Orten oder in öffentlichen Lokalen.

Im Einzelnen können unwürdiges Verhalten in Bezug auf den Beruf darstellen:

Allgemeine Verstöße: Oeffentliche Anpreisung des Geschäfts durch unangemessene Reklame, öffentliches oder auch durch Rundschreiben vorgenommenes Anerbieten der Dienste unter Zusicherung billigerer als anderweitige oder überhaupt billiger Bedienung, Anerbieten der Verwerthung erlangter Patente oder Gebrauchsmuster, — denn diese gehört nicht zu den Berufsobliegenheiten eines Patentanwalts, — Erzielung größerer Praxis durch bezahlte Agenten, Ausbietung der zu verkaufenden Praxis.

Verstöße gegen die Auftraggeber: Vorsätzliche oder fahrlässige Verletzung der Verschwiegenheit über den Gegenstand des ertheilten Auftrages seitens des Vertreters oder seitens seiner Angestellten infolge mangelhafter Geschäftsführung oder mangelhafter Beaufsichtigung der letzteren. Lässigkeit in der Einreichung von Schutzgesuchen, in der Erhebung von Einsprüchen oder Widersprüchen, Versäumung von Fristen, namentlich Ausschlußfristen bei Beantwortung oder Befolgung von Vorbescheiden und anderen Verfügungen, bei Einlegung von Rechtsmitteln, bei Gebührenzahlungen, bei Klagen auf Nichtigkeit oder Zurücknahme von Patenten, Eigenmächtigkeit bei Aufstellung von Behauptungen im Verfahren, Einreichung von Schutzgesuchen auf Gegenstände, von denen der Vertreter wußte oder wissen mußte, daß sie nicht mehr schutzbar oder daß sie wirthschaftlich werthlos sind, Verleitung zur Anmeldung von Schutzgegenständen (u. A. auch im Auslande) trotz unbedenklicher Aussichtslosigkeit auf Schutzertheilung, Verschleppung des Verfahrens Ueberlassung der Vertretung an Angestellte ohne ausreichende Kontrole, interessenwidrige Bedienung einer anderen Partei in derselben Angelegenheit zum Nachtheile des früheren Auftraggebers (Prävarikation, Tergiversation), verzögerte oder unterlassene Einzahlung oder Ablieferung oder ungerechtfertigte Verrechnung eingegangener Gelder oder zurückzuzahlender Vorschüsse, Verwendung fremder Gelder in eigenem Nutzen, grundlos verzögerte oder verweigerte Rechnungslegung. Ferner Berechnung oder Erhebung unverhältnißmäßig hoher Gebühren, ungehörige Gebührenberechnung durch unnöthige Vornahme oder Vermehrung gebührenpflichtiger Akte, Gebührensicherung durch simulirte Rechtsgeschäfte, Gebührenforderung und Berechnung nach Prozenten des vermeintlichen Werthes des Schutzgegenstandes.

Verstöße gegen die patentamtliche Behörde oder gegen die Berufsgenossen: Beleidigende, unangemessene Sprache im schriftlichen und mündlichen

Verkehr, Verletzung des Anstandes und der Würde gelegentlich mündlicher Verhandlung, Nichtbeachtung der zur Aufrechterhaltung der Ordnung bestehenden oder sich von selbst ergebenden Vorschriften. Leichtfertige oder vorschriftswidrig begründete Anträge oder Behauptungen. Mißbräuchliche Benutzung nur für bestimmte Zwecke erhaltener mündlicher oder schriftlicher Mittheilungen.

9. Diese Bestimmung war im Regierungsentwurf nicht enthalten, vielmehr ist auf Antrag der Kommission (Abgeordneter Schmidt-Warburg) aufgenommen worden, offenbar zu dem Zwecke, den Patentanwalt in derjenigen öffentlichen oder politischen Thätigkeit nicht zu beschränken, die jedem Staatsbürger innerhalb der gesetzlichen Schranken erlaubt ist, vorausgesetzt, daß diese Thätigkeit außer Zusammenhang mit seiner berufsmäßigen Thätigkeit steht.

10. Während gegen jede patentamtliche Entscheidung, durch welche die Eintragung in die Liste der Patentanwälte aus den anderen vorangeführten Gründen abgelehnt wird, Beschwerde im Dienstaufsichtswege erhoben, also der vorgesetzten Dienstbehörde, d. i. dem Reichsamt des Innern, zur Entscheidung unterbreitet werden kann, ist die Beschwerde gegen die Entscheidung, welche dem Bewerber wegen unwürdigen Verhaltens die Eintragung versagt, mit Rücksicht auf die ihm zur Last gelegte schwere Verfehlung einem aus Mitgliedern des Patentamts und aus Berufsgenossen bestehenden Kollegialgericht, und zwar nicht, wie es der Entwurf wollte, dem Ehrengerichtshof (II. Instanz), sondern dem Ehrengericht (I. Instanz) verwiesen, welches sonst zunächst über die ehrengerichtliche Bestrafung eines eingetragenen Patentanwaltes zu befinden hat. Dem Bewerber steht somit ein zweites Rechtsmittel, die in § 12 gegen die Entscheidung

des Ehrengerichts gegebene Berufung an den Ehrengerichtshof zu. Ueber die Beschwerde, welche gebührenfrei binnen einer einmonatigen Frist schriftlich beim Patentamt anzubringen, sonst aber an keine Form gebunden, also auch nicht näher zu begründen ist, wird wie über die etwa noch eingelegte Berufung in dem für die übrigen Ehrengerichtssachen vorgeschriebenen Verfahren entschieden.

§. 3.

Als technisch befähigt gilt,[1]) wer im Inland als ordentlicher Hörer einer Universität,[2]) einer technischen Hochschule oder einer Bergakademie sich dem Studium naturwissenschaftlicher und technischer Fächer[3]) gewidmet,[4]) alsdann eine staatliche oder akademische Fachprüfung[5]) bestanden, außerdem mindestens ein Jahr in praktischer gewerblicher Thätigkeit[6]) gearbeitet und hierauf mindestens zwei Jahre hindurch eine praktische Thätigkeit auf dem Gebiete des gewerblichen Rechtsschutzes ausgeübt hat.[7])

Der Besuch ausländischer Universitäten oder Akademien und die Ausübung der praktischen Thätigkeit im Auslande kann durch Beschluß der Prüfungskommission (§. 4) als ausreichend anerkannt werden.[8]) Die Fachprüfung (Abs. 1) muß auch in diesem Falle im Inland[9]) abgelegt werden.

1. Für die technische Befähigung bilden vier Erfordernisse die Voraussetzung: Studium auf einer deutschen Hochschule, Ablegung einer Fachprüfung, praktische Thätigkeit auf gewerblichem und auf dem Gebiete des gewerblichen Rechtsschutzes.

2. Was das vorgeschriebene akademische Studium betrifft, so ist dasselbe in der Regel auf einer deutschen Hochschule vorzunehmen, doch kann auch der Besuch ausländischer Hochschulen von der Prüfungskommission (§ 4) als ausreichend anerkannt werden. Nur das Studium auf Universitäten, technischen Hochschulen oder einer Bergakademie, also nicht auf forst- oder landwirthschaftlichen oder thierärztlichen Hochschulen, noch viel weniger auf einer anderen, gewerblichen Schule, einem sogen Technikum, soll die Gewähr für die geforderte wissenschaftliche Ausbildung bieten.

3. Unter technischen Fächern sind namentlich die auf den technischen Hochschulen und Bergakademien gelehrten Disziplinen: Hochbau, Bauingenieurfach, Maschineningenieurfach, Physik und Chemie, Elektrotechnik, Salinen-, Berg- und Hüttenkunde sowie Schiffs- und Schiffsmaschinenbau zu verstehen.

4. Der Bewerber muß der Hochschule als ordentlicher Hörer, also nicht als sogen. Hospitant, angehört haben, d. h. er muß die zur Aufnahme eines Studirenden in die Hochschule vorgeschriebenen Bedingungen erfüllt haben. Nach dem Verfassungsstatut der technischen Hochschule zu Berlin (§ 29) ist die Aufnahme durch die Beibringung des Reifezeugnisses eines deutschen Gymnasiums oder eines preußischen Realgymnasiums (Realschule I Ordnung) oder einer preußischen Ober-Realschule (Gewerbeschule mit neunjährigem Kursus und zwei fremden Sprachen) bedingt. Ausnahmen sind nur mit Genehmigung des Ministers zulässig.

5. Ueber die Dauer des Studiums besteht keine ausdrückliche Vorschrift, eine solche erscheint auch entbehrlich gegenüber dem Erforderniß der Ablegung einer Prüfung über das Fach, dem sich Antragsteller gewidmet hat. In

den meisten deutschen Bundesstaaten bestehen staatliche und akademische Fachprüfungen, erstere werden vor einer besonderen vom Staat eingesetzten Prüfungskommission, letztere vor einer aus Lehrern der Hochschule gebildeten Kommission abgelegt.

6. Unter praktischer gewerblichen Thätigkeit ist eine der berufsmäßigen entsprechende Beschäftigung in gewerblichen Betrieben, Etablissements, Fabriken zu verstehen, in denen Roherzeugnisse der Natur zu wirthschaftlichen Gütern be- und verarbeitet werden.

Der Bewerber muß in Betrieben genannter Art gearbeitet haben, thatsächlich beschäftigt gewesen sein, sich nicht etwa nur beschäftigungshalber, z. B. als sogen. Volontär, aufgehalten haben.

7. Die praktische Thätigkeit auf dem Gebiete des gewerblichen Rechtsschutzes wird am besten in einem Bureau eines Technikers oder auch eines Rechtsanwalts auszuüben sein, welche sich mit der Vertretung in Patent-, Muster- und Zeichenschutzangelegenheiten befassen.

8. Da einerseits der Lehrplan mancher ausländischen, namentlich der österreichischen und schweizerischen Universitäten oder Akademien den deutschen gleichsteht, andererseits auch ausländische gewerbliche Betriebe oder technische Bureaux eine zuverlässige Gewähr für eine vollkommene praktische Ausbildung bieten, so ist es in das Belieben der Prüfungskommission gestellt, ein solches Studium oder eine solche Thätigkeit für ausreichend anzusehen, nur sollen im Auslande abgehaltene Fachprüfungen von der Wiederholung einer solchen im Inlande nicht befreien.

§ 4.

Der Besitz der erforderlichen Rechtskenntnisse ist durch Ablegung einer Prüfung nachzuweisen. Zu derselben darf nur zugelassen werden, wer die technische Befähigung (§. 3) dargethan hat.[1]) Die Prüfung ist eine schriftliche und eine mündliche; sie ist insbesondere auch darauf zu richten, ob der Bewerber die Fähigkeit zur praktischen Anwendung[2]) der auf dem Gebiete des gewerblichen Rechtsschutzes geltenden Vorschriften[3]) besitzt.

Die Prüfung wird vor einer Kommission[4]) abgelegt, in welche Mitglieder des Patentamts und Patentanwälte durch den Reichskanzler zu berufen sind.

Im Falle des Nichtbestehens kann die Prüfung nach Ablauf einer von der Prüfungskommission festzusetzenden Frist von mindestens sechs Monaten einmal wiederholt werden.

Die näheren Bestimmungen über die Zusammensetzung und den Geschäftsgang der Prüfungskommission und über das Prüfungsverfahren[5]) und die Prüfungsgebühr[6]) werden durch eine vom Bundesrathe zu erlassende Prüfungsordnung getroffen.

1. Der nachgewiesene Besitz der technischen Befähigung, wie er in § 3 gefordert wird, bildet die Bedingung, ohne welche der Feststellung des Besitzes der erforderlichen Rechtskenntnisse seitens des Bewerbers überhaupt nicht näher getreten werden soll. Ehe also überhaupt zur Prüfung des Bewerbers geschritten wird, hat derselbe

nicht allein den Nachweis seiner technischen Befähigung zu erbringen, abgesehen von der Erfüllung der im § 2 Abs. 2 Nr. 1—2 aufgestellten Erfordernisse. Die patentamtliche Rechtsprüfung bildet den Schlußstein der Prüfung der Befähigung des Bewerbers überhaupt.

2. Der Antragsteller soll die gesetzlichen Vorschriften auf dem Gebiete des gewerblichen Rechtsschutzes nicht allein wissen, sondern auch (praktisch anwenden) können. Der Prüfung dieses Nachweises dient namentlich der schriftliche Theil der Prüfung, in welcher dem Antragsteller Gelegenheit zu geben ist, praktische Fälle aus dem gewerblichen Rechtsleben zu behandeln und zu entscheiden. Die mündliche Prüfung soll namentlich auch die Schlagfertigkeit des Antragstellers und eine Beherrschung des Rechtsstoffes feststellen.

3. Als Vorschriften auf dem gewerblichen Rechtsschutzgebiet kommen in erster Linie diejenigen Gesetze in Betracht, deren Anwendung zum Geschäftskreis des Patentamts gehört; es sind dies die zu § 1 Anm. 3 genannten. Auch die Kenntniß anderer Gesetze, die mit den genannten sich oft berühren, nämlich des Gesetzes, betr. das Urheberrecht an Mustern und Modellen, vom 11. Jan. 1876 (RGBl. 11) sowie des Gesetzes zur Bekämpfung des unlauteren Wettbewerbes, vom 17. Mai 1896 (RGBl. 145) soll nicht außer Acht gelassen werden.

4. Ueber die Prüfungskommission, ihre Zusammensetzung, Zuständigkeit und Thätigkeit siehe die Prüfungsordnung am Schluß des Gesetzes.

5. Ueber das Prüfungsverfahren siehe wie zu Anm. 4.

6. Die Prüfungsgebühr beträgt 100 Mark und ist vor Eintritt in die Prüfung an die Kasse des Patentamts zu zahlen; sie wird zur Hälfte zurückgezahlt, wenn der Antragsteller vor Beginn der Prüfung seinen Rücktritt er-

klärt. (§ 4 Abs. 3 der Prüfungsordnung, siehe am Schluß des Gesetzes.)

§. 5.

Der Patentanwalt ist verpflichtet, seine Berufsthätigkeit gewissenhaft auszuüben[1]) und durch sein Verhalten in Ausübung des Berufs sowie außerhalb desselben sich der Achtung würdig[2]) zu zeigen, welche sein Beruf erfordert. Er wird auf die Erfüllung dieser Obliegenheiten durch Handschlag verpflichtet. Die Bestimmung des §. 2 Abs. 2 Ziffer 4 findet Anwendung.[3])

1. Zur gewissenhaften Ausübung der Berufsthätigkeit des Patentanwaltes gehört die strenge Beobachtung eines geordneten Geschäftsganges. Jeder eingehende Antrag wird zu buchen, über jeden in Behandlung genommenen Antrag ein Aktenstück anzulegen und bis zur völligen Erledigung der Angelegenheit übersichtlich zu führen sein, ebenso ist ein Cassabuch über die Verrechnung aller eingehenden Gelder zu führen. Die Bücher sind aufzubewahren.

Der Patentanwalt ist nicht verpflichtet, einen ihm zugehenden Auftrag anzunehmen; hat er aber einen solchen angenommen, dann hat er ihn mit thunlichster Sorgfalt zur Ausführung zu bringen. Die Berufsmäßigkeit der Thätigkeit des Patentanwalts schließt die unentgeltliche Besorgung der ihm übertragenen Geschäfte in der Regel aus. Die Unentgeltlichkeit der Besorgung eines Geschäfts würde aber den Auftrag als solchen im Sinne des Gesetzes (§ 662 BGB.) charakterisiren.

Im Einzelnen richten sich die Verpflichtungen des Patentanwalts nach dem zwischen ihm und seinem Auftraggeber abgeschlossenen Vertrage. Dieser wird in der Regel als Dienstvertrag im Sinne der §§ 611 ff. BGB.

anzusehen sein. Der Patentanwalt hat im Zweifel die Dienste in Person zu leisten, unter Uebernahme jeder Gewährleistung bei Vertretung der Dienstleistungen durch einen Anderen (§ 613), wogegen er eine Vergütung zu fordern hat, die, wenn sie nicht bestimmt ist, Mangels einer allgemein bestehenden Taxe nach den üblichen Sätzen zu berechnen ist (§ 612). Die Vergütung ist nach dem Gesetze erst nach Leistung der Dienste zu entrichten — unbeschadet anderweitiger Vereinbarung (§ 614). Das Vertragsverhältniß kann jederzeit gekündigt werden (§ 623). Als persönliche Verpflichtung erlischt das Dienstverhältniß mit dem Tode oder infolge dauernder thatsächlicher oder rechtlicher Unfähigkeit des Patentanwalts (§ 620 und Anm. 3a zu § 620 Planck, Komm. z. BGB.).

Der Patentanwalt hat bei Empfang eines Auftrages zur Nachsuchung eines gewerblichen Schutzrechtes zunächst gewissenhaft zu prüfen, ob der Gegenstand desselben überhaupt an sich schutzfähig ist und ob nach seinen Kenntnissen und Erfahrungen das Schutzgesuch Aussicht auf Anerkennung haben kann oder nicht; er hat ferner unbedingtes Stillschweigen über das Gesuch sowie auch über andere Anträge (Klagen) zu beobachten; auch hat er dafür zu sorgen, daß das zu beobachtende Stillschweigen nicht etwa von seinen Angestellten verletzt wird. Er hat ferner behufs Wahrung des zeitlichen Vorrechts der Priorität den als gerechtfertigt an sich befundenen Auftrag unverzüglich in Angriff zu nehmen und, sofern es sich um ein Schutzgesuch handelt, dasselbe unverzüglich zur Anmeldung zu bringen. Des Weiteren hat er die gestellten Fristen, namentlich die gesetzlichen Ausschlußfristen, pünktlichst innezuhalten, endlich eingehende Gelder gewissenhaft zu verwenden und zu verwalten.

2. Vgl. hierüber das zu § 2 Anm. 8 Gesagte.

3. Vgl. hierüber das zu § 2 Anm. 9 Gesagte.

§. 6.

Die Eintragung wird vom Patentamte gelöscht:[1])

1. wenn der Eingetragene es beantragt;[2])
2. wenn er gestorben ist;[3])
3. wenn er keinen Wohnsitz im Inlande[4]) hat;
4. wenn er in Folge gerichtlicher Anordnung in der Verfügung über sein Vermögen beschränkt ist.[5])

1. D. h. die Löschung muß erfolgen, und zwar durch Verfügung des Präsidenten des Patentamts, gegen welche u. U. die Beschwerde im Aufsichtswege zulässig ist.

2. Der Antrag ist schriftlich zu stellen, wie aus der Natur des ganzen Geschäftsganges hervorgeht.

3. oder für todt erklärt ist (§ 13 ff. BGB.).

4. Vgl. hierüber das zu § 2 Anm. 6 Gesagte.

5. Vgl. hierüber das zu § 2 Anm. 7 Gesagte.

§. 7.

Die Eintragung ist ferner zu löschen,[1]) wenn nachträglich[2]) Thatsachen bekannt werden, welche nach §. 2 Abs. 2 Nr. 4 die Versagung der Eintragung begründen,[3]) oder wenn der Eingetragene die ihm nach §. 5 obliegenden Pflichten verletzt.[4])

In leichteren Fällen der Pflichtverletzung kann statt der Löschung in der Liste als Ordnungsstrafe ein Verweis oder eine Geldstrafe bis zu dreitausend Mark verhängt werden. Geldstrafe kann mit Verweis verbunden werden.

1. Im Gegensatz zu § 6, wonach die Löschung durch patentamtliche Verfügung angeordnet wird, erfolgt nach § 7 die Löschung nur auf Grund eines rechtskräftigen ehrengerichtlichen Erkenntnisses (§ 8).

2. Nachträglich, d. h. erst nach der Eintragung des Patentanwalts in die Liste.

3. Die Thatsachen müssen im ehrengerichtlichen Verfahren festgestellt werden.

4. Löschungsgründe sind nur die beiden in § 7 angegebenen. Erweisen sich daher die übrigen im § 2 angegebenen Voraussetzungen technischer Befähigung und erforderlicher Rechtskenntniß als unzutreffend, so würden sie nur insofern als Löschungsgrund im ehrengerichtlichen Verfahren in Betracht kommen können, als sie, z. B. bei Täuschungen, für unwürdiges Verhalten sprechen.

Vgl. im Uebrigen das zu § 2 Anm. 8 und zu § 5 Anm. 1 Gesagte.

§. 8.

Die Entscheidung in den Fällen des §. 7 erfolgt in einem ehrengerichtlichen Verfahren.[1])

1. Um das ehrengerichtliche Verfahren als thunlichst vorurtheilsfrei zu gestalten und durchzuführen, ist ihm das allgemeine strafrechtliche Verfahren nach Maßgabe der StPO. zu Grunde gelegt, auch die Mitwirkung von Berufsgenossen des Angeschuldigten sowohl bei der Verhandlung und Urtheilsfällung als auch bei der Vertheidigung vorgesehen. Die näheren Bestimmungen enthalten die §§ 9—14.

§. 9.

Die Einleitung des Verfahrens wird vom Reichskanzler verfügt.[1]) Derselbe ernennt, falls er eine besondere Voruntersuchung für erforderlich hält, den untersuchungsführenden Beamten.

Der Angeschuldigte ist über die Anschuldigungspunkte zu hören.[2])

In dem Verfahren kann jederzeit die Vernehmung von Zeugen und Sachverständigen angeordnet werden. Die Vorschriften der Strafprozeßordnung über die Beweisaufnahme[3]) und die Vertheidigung finden entsprechende Anwendung. Als Vertheidiger können Patentanwälte nicht zurückgewiesen werden.

Das ehrengerichtliche Verfahren zerfällt in folgende Theile:

1. Eröffnung des Verfahrens auf Grund eines Erlasses des Reichskanzlers; der Erlaß hat die gegen den Patentanwalt erhobene Anschuldigung unter Angabe der Beweismittel zu enthalten. Ein Rechtsmittel gegen den das ehrengerichtliche Verfahren anordnenden Erlaß ist nicht gegeben.

Mit dem Erlaß, der die Einleitung des Verfahrens anordnet, ist gleichzeitig, sofern mit Rücksicht auf den Umfang oder die Schwere der Anschuldigung eine besondere Voruntersuchung nothwendig erscheint, ein untersuchungführender Beamter zu ernennen. Bei Auswahl des letzteren hat der Reichskanzler freie Hand, er kann hierzu ein Mitglied des Patentamts bestimmen oder auch z. B. wenn die Vernehmung des Angeschuldigten außerhalb seines Wohnortes wegen Krankheit oder zu großer Entfernung von Berlin unmöglich oder besonders erschwert erscheint, auf Beamte der Bundesstaaten (Landesbeamte), zurückgehen, ohne daß er bei Ertheilung eines solchen rein dienstlichen Auftrages an die Zustimmung der Landesbehörde oder des Beamten selbst gebunden ist. (Sten.Ber. z. R.Beamtengesetz vom 31. März 1873 S. 705—917.) Die Bestellung eines die Verrichtungen der Staatsanwaltschaft wahrnehmenden Beamten ist — im Gegensatz zu den Bestimmungen des R.Beamtengesetzes vom 31. März 1873 (§ 85) und der Rechtsanwaltsordnung vom 1. Juli 1878 (§ 92) — im vorliegenden Gesetz (wohl als entbehrlich) nicht vorgesehen.

2. Anhörung, d. i. mündliche Vernehmung des Beschuldigten, über die gegen ihn erhobene Beschuldigung. Der Vernehmung hat eine Ladung vorauszugehen.

Zum Erscheinen zum Vernehmungstermin kann der Angeschuldigte nicht gezwungen werden, es ist weder seine Verhaftung noch vorläufige Festnahme noch Vorführung zulässig. Erscheint daher der Angeschuldigte weder zum ersten noch zu einem späteren Termin, so ist ohne seine weitere Hinzuziehung die Untersuchung zu führen. Eine die letztere Rechtsfolge in Aussicht stellende Verwarnung ist in die Ladung aufzunehmen. Dasselbe gilt auch für die Schlußverhandlung, sodaß gegen den Angeschuldigten auch in seiner Abwesenheit (in contumaciam) zu verhandeln und zu erkennen ist.

Erscheint der Angeschuldigte zum Vernehmungstermin, so ist ihm zunächst zu eröffnen, welche Anschuldigung gegen ihn erhoben ist, alsdann ist er zu befragen, ob er überhaupt etwas auf die Beschuldigung erwidern will, denn auch zu einer solchen Erwiderung ist er nicht zu zwingen. Die Vernehmung soll dem Angeschuldigten Gelegenheit zur Beseitigung der gegen ihn vorliegenden Verdachtsmomente und zur Geltendmachung der zu seinen Gunsten sprechenden Thatsachen geben. Auch ist bei der ersten Vernehmung des Beschuldigten zugleich auf die Ermittelung seiner persönlichen Verhältnisse Bedacht zu nehmen. (§ 136 StPO.).

3. Beweisaufnahme. Dieselbe umfaßt nicht allein die Vernehmung von Zeugen und Sachverständigen, sondern auch die Feststellung aller Thatsachen, welche der Ermittelung der Wahrheit gegen und für den Angeschuldigten dienen. Es ist also auch die Herbeischaffung und Sicherstellung von Gegenständen, welche als Beweismittel für die Untersuchung von Bedeutung sind oder auch nur sein können, durch Beschlagnahme oder Durchsuchung zulässig, ebenso wie u. A. richterliche Augenscheineinnahme. (§§ 48—111 StPO.) Ueber jede Untersuchungshandlung ist durch einen vereideten Protokollführer ein Protokoll aufzunehmen; der vernommenen Person ist ihre Aussage behufs Genehmigung oder etwaiger Berichtigung oder Ergänzung vorzulesen und letzteres im Protokoll zu vermerken. Den Ersuchen oder Aufträgen des untersuchungführenden Beamten zur Ausführung einzelner Maßregeln oder zur Vornahme von Ermittelungen haben die Behörden und Beamten des Polizei- und Sicherheitsdienstes Folge zu leisten (§ 187 StPO.)

Zu allen Vernehmungen des Angeschuldigten, der Zeugen und Sachverständigen, sowie zur Einnahme des Augenscheins, namentlich aber zu allen Verhandlungen vor dem Ehrengericht I. und II. Instanz ist ein vereidigter Protokollführer (Bureaubeamter) hinzuzuziehen.

Auch die Vertheidigung ist nach Maßgabe der Bestimmungen der StPO. geregelt. Danach kann in jedem Stadium des Verfahrens der Angeschuldigte sich eines Vertheidigers bedienen, auch kann er in besonders gearteten Fällen, namentlich auch bei Mittellosigkeit, vom

Patentamt einen (Offizial-) Vertheidiger bestellt erhalten. Zu Vertheidigern können die bei einem deutschen Gerichte zugelassenen Rechtsanwälte sowie Rechtslehrer (d. h. Professoren und Privatdozenten) an deutschen Hochschulen (irgendwelcher Art) bestellt werden.

Auch die Berufsgenossen des Angeschuldigten sind von der Wahrnehmung der Vertheidigung nicht ausgeschlossen. (S. Abs. 3.) Diese vom Gesetz ausdrücklich aufgestellte Bestimmung erscheint sehr zweckdienlich, da gerade ein Berufsgenosse des Angeschuldigten am ehesten in der Lage sein wird, etwaige letzterem zum Vorwurf gemachte Geschäftsgebahrungen zu entschuldigen oder wenigstens als erklärlich erscheinen zu lassen.

Endlich können auch Justizbeamte, die als Richter nicht angestellt sind, sowie Rechtskundige, welche die vorgeschriebene erste Prüfung für den Justizdienst (Gerichts-Referendare, Rechts-Praktikanten) bestanden haben, als Vertheidiger bestellt werden. Andere Personen sind nur mit Genehmigung des Patentamts zuzulassen.

Was die Akteneinsichtnahme betrifft, so ist der Vertheidiger nach Schluß der Voruntersuchung oder, wenn eine solche nicht stattgefunden hat, nach Einreichung der Anklageschrift (S. § 10 Abs. 2) zur Einsichtnahme der patentamtlichen Akten beim Patentamt befugt. Der Vertheidiger darf schon vor diesem Zeitpunkt die Akten, insoweit dies ohne Gefährdung des Untersuchungszwecks geschehen kann, zu jeder Zeit aber die Protokolle über die Vernehmung des Beschuldigten und über diejenigen gerichtlichen Handlungen, denen der Vertheidiger beiwohnen darf, sowie die Gutachten des Sachverständigen einsehen. Zu letztgenannten gerichtlichen Handlungen gehört nicht die erste Vernehmung des Angeschuldigten, da diese stets in Abwesenheit des Vertheidigers zu erfolgen hat. (§§ 137 ff. u. 190 Abs 2 StPO)

§. 10.

Zuständig zur Verhandlung und Entscheidung ist das Ehrengericht.[1]) Es besteht aus zwei Mitgliedern des Patentamts, einem rechtskundigen und einem technischen, sowie drei Patentanwälten. Den Vorsitz führt das rechtskundige Mitglied des Patentamts.

Zu der mündlichen Verhandlung[2]) der Sache ist der Angeschuldigte unter schriftlicher Mittheilung der Anschuldigungspunkte zu laden.[3])

Die Vorschriften der Strafprozeßordnung über Ausschließung und Ablehnung der Gerichtspersonen finden entsprechende Anwendung.[4])

Die mündliche Verhandlung ist nicht öffentlich.[5]) Das Ehrengericht kann die Oeffentlichkeit der Verhandlung anordnen. Die Anordnung muß erfolgen, falls der Angeschuldigte es beantragt, sofern nicht die Voraussetzungen des §. 173 des Gerichtsverfassungsgesetzes vorliegen.

1. Das Ehrengericht ist das Gericht erster, der Ehrengerichtshof das Gericht zweiter Instanz. Ersteres besteht aus fünf Mitgliedern, von denen zwei (ein rechtskundiges, ein technisches) Mitglieder des Patentamts, drei eingetragene Patentanwälte sein müssen, das rechtskundige Patentamtsmitglied führt den Vorsitz. Der Ehrengerichtshof besteht aus sieben Mitgliedern, von denen drei dem Patentamt angehören, vier eingetragene Patentanwälte sein müssen. Von den drei Mitgliedern des Patentamts müssen der den Vorsitz führende und ein anderes Mitglied rechtskundig sein. Die dem Patentamt angehörigen Mit-

glieder des Ehrengerichts beider Instanzen werden vom Reichskanzler für jedes Jahr im Voraus bestimmt, die dem Ehrengericht angehörigen Patentanwälte werden für jede einzelne Spruchsitzung aus der Zahl der vom Reichskanzler bezeichneten zwanzig Patentanwälte in einer öffentlichen Sitzung der Beschwerdeabtheilung I des Patentamts ausgeloost.

2. Die mündliche Verhandlung hat den Zweck, zur Fällung eines sachgemäßen Urtheils den an der Verhandlung betheiligten Personen, dem Richterkollegium und dem Angeschuldigten sowie dessen etwaigem Vertheidiger ein übersichtliches, klares Bild von dem Sachverhalt, auf welchem die Anschuldigung beruht, zu verschaffen. Sie bildet den Schwerpunkt des ganzen Verfahrens, gleichzeitig das Schlußstück der Beweisaufnahme; es gelten daher auch hier nach § 9 die einschlägigen Bestimmungen der StPO. (§§ 225 ff.).

3. Die mündliche Verhandlung ist zunächst vorzubereiten. Zu diesem Behufe beraumt der Vorsitzende einen Termin zur Hauptverhandlung an und verfügt die Ladung der an der Entscheidung theilnehmenden Mitglieder des Ehrengerichts (§ 14), sowie die Ladung des Angeschuldigten und des von letzterem gewählten Vertheidigers, falls die erfolgte Wahl ihm angezeigt worden ist.

Ebenso ordnet der Vorsitzende die Herbeischaffung der Beweismittel an. Mit der Ladung an den Angeschuldigten ist die Mittheilung der Anschuldigungspunkte zu verbinden, wobei sich empfehlen wird, die Beweismittel für letztere anzuführen, damit der Angeschuldigte in der Lage ist, auch letztere erforderlichen Falles zu beanstanden (§§ 212 ff. StPO.).

Die mündliche Verhandlung selbst hat in ununterbrochener Gegenwart der zur Urtheilsfindung berufenen

Personen sowie des Gerichtsschreibers zu erfolgen. Da auch zur mündlichen Verhandlung der Angeschuldigte nur zu laden, also nicht vorgeführt, festgenommen oder verhaftet werden darf, so ist, falls derselbe unentschuldigt ausbleibt oder eine Vertagung der Verhandlung nicht gerechtfertigt erscheint, in seiner Abwesenheit zu verhandeln und zu entscheiden, unbeschadet der Befugniß des Angeschuldigten, sich durch einen mit (schriftlicher) Vollmacht versehenen Vertheidiger vertreten zu lassen (§§ 225 ff. StPO.).

Die Leitung der Verhandlung (auch Aufrechthaltung der Ordnung in der Sitzung, § 177 GVG.), die Vernehmung des Angeschuldigten sowie der Zeugen und Sachverständigen erfolgt durch den Vorsitzenden. Ueber Beanstandung einer die Sachleitung betreffenden Anordnung des Vorsitzenden seitens einer der bei der Verhandlung betheiligten Personen entscheidet der Gerichtshof. Den beisitzenden Mitgliedern des Gerichtshofs, sowie dem Angeschuldigten und seinem Vertheidiger hat der Vorsitzende auf ihr Verlangen die Stellung von Fragen an die Zeugen und Sachverständigen zu gestatten. Der Vorsitzende kann das Vernehmungsrecht bei mißbräuchlicher Ausübung entziehen, auch ungeeignete oder zur Sache nicht gehörige Fragen zurückweisen, wobei Zweifel über Zulässigkeit einer Frage immer nur vom Gerichtshof zu entscheiden sind (§§ 237 ff. StPO.).

Die Hauptverhandlung beginnt mit dem Aufrufe des Angeschuldigten, der Zeugen und Sachverständigen, woran sich die Vernehmung des Angeschuldigten über seine persönlichen Verhältnisse (nur Feststellung der Identität) anschließt. In Abwesenheit der wieder abtretenden Zeugen, nicht auch der Sachverständigen, erfolgt die Vernehmung des Angeschuldigten über die ihm zur Last gelegten Anschuldigungspunkte, wobei er ebenfalls wie bei seiner ersten Vernehmung zu befragen ist, ob er überhaupt etwas auf die Beschuldigung erwidern wolle. Bejahenden Falles ist dem Angeschuldigten Gelegenheit zur Beseitigung der gegen ihn vorliegenden Verdachtsgründe und zur Geltendmachung der zu seinen Gunsten sprechenden Thatsachen zu geben (§§ 242 StPO.).

Ueber die mündliche Verhandlung ist ein Protokoll aufzunehmen und von dem Vorsitzenden sowie von dem Protokollführer zu unterschreiben. Dasselbe enthält Ort und Tag der Verhandlung, die Namen der Mitglieder des Ehrengerichts und des Protokollführers, die Bezeichnung der dem Angeschuldigten zur Last gelegten Anschuldigung, die Namen des Angeschuldigten und die seines Vertheidigers, sowie die Angabe, daß nicht öffentlich oder öffentlich verhandelt worden ist. Das Protokoll muß den Gang und die Ergebnisse der Verhandlung und die Beobachtung aller wesentlichen Förmlichkeiten ersichtlich machen, auch die Bezeichnung der verlesenen Schriftstücke, sowie die im Laufe der Verhandlung gestellten Anträge, die ergangene Entscheidung und die Urtheilsformel enthalten (§§ 271 StPO.).

Nach dem Schlusse der Beweisaufnahme erhält der Angeschuldigte zu seinen Ausführungen das Wort, ihm gebührt überhaupt das letzte Wort; er ist, auch wenn ein Vertheidiger für ihn gesprochen hat, zu befragen, ob er selbst noch etwas zu seiner Vertheidigung anzuführen habe (§ 257 StPO.).

4. Ausdrücklich ist noch bestimmt, daß die Vorschriften der StPO. über Ausschließung und Ablehnung der Gerichtspersonen auf die Mitglieder des Ehrengerichts Anwendung finden sollen. (Vgl. §§ 22—32 StPO.) Hieraus ist hervorzuheben:

Die Ausschließung und Ablehnung der Gerichtspersonen erstreckt sich auch auf den die Untersuchung führenden Beamten, sowie auf den Protokollführer. Auch darf Ersterer in denjenigen Sachen, in welchen er die Voruntersuchung geführt hat, nicht Mitglied des Ehrengerichts sein.

Was die zeitliche Geltendmachung der Ablehnung eines Richters betrifft, so hat dieselbe bei Vermeidung ihres Verlustes seitens des Angeschuldigten im Anschluß an die Vernehmung über seine persönlichen Verhältnisse, jedoch vor seiner Vernehmung zur Sache zu erfolgen (§§ 25, 242 StPO.).

5. Wie auch die Rechtsanwaltsordnung (§ 82) im Gegensatz zum Reichsbeamtengesetz (§ 103) bestimmt, soll im Interesse des Angeschuldigten die mündliche Verhandlung nicht öffentlich sein, d. h. der Regel nach. Das Ehrengericht kann jedoch die Oeffentlichkeit der Verhandlung anordnen, so z. B. wenn es sich nach Art des einzelnen Falles empfiehlt, die Kenntniß der Anschuldigung weiteren Kreisen nicht vorzuenthalten. Beantragt der Angeschuldigte selbst, daß öffentlich gegen ihn verhandelt werde, so muß seinem Antrage stattgegeben werden, sofern nicht die Oeffentlichkeit eine Gefährdung der öffentlichen Ordnung, insbesondere der Staatssicherheit oder auch der Sittlichkeit besorgen läßt (§ 173 GVG.).

Je nachdem die Verhandlung öffentlich oder unter Ausschluß der Oeffentlichkeit geführt worden ist, wird auch die Entscheidung öffentlich zu verkünden sein oder nicht.

§. 11.

Die Entscheidung[1]) ist mit Gründen[2]) zu versehen, schriftlich auszufertigen[3]) und dem Angeschuldigten von Amtswegen zuzustellen.[4])

Dem Angeschuldigten sind im Falle einer zu seinen Ungunsten ergehenden Entscheidung die baaren Auslagen des Verfahrens zur Last zu legen.[5])

1. Die **Entscheidung** hat auf Freisprechung oder Verurtheilung des Angeschuldigten oder auf Einstellung des Verfahrens zu lauten, falls der Angeschuldigte von dem ihm im § 13 zugesprochenen Rechte Gebrauch macht und die Löschung seines Namens in der Liste beantragt. Auch kann vorläufige Einstellung des Verfahrens beschlossen werden, wenn der Angeschuldigte nach der ihm zur Last gelegten Handlung in Geisteskrankheit verfallen ist (§ 203 StPO.).

Bei der Entscheidung hat das Ehrengericht nach seiner freien, aus dem Inbegriff der Verhandlung geschöpften Ueberzeugung zu entscheiden.

Die Entscheidung wird in der Sitzung, in welcher die mündliche Verhandlung beendet worden ist, auch wenn der Angeschuldigte nicht anwesend ist, verkündet.

Gegen den (in der Folge rechtskräftig) freigesprochenen Angeschuldigten darf wegen der nämlichen den Gegenstand der Anschuldigung bildenden Handlung ein Disziplinarverfahren nicht wieder eingeleitet werden.

2. Die **Gründe** müssen, im Falle der Verurtheilung die für erwiesen erachteten Thatsachen angeben, in welchen die Merkmale einer (nach § 7) strafbaren Handlung gefunden werden, — im Falle der Freisprechung ergeben, ob der Angeschuldigte der ihm zur Last gelegten Handlung für nicht überführt, oder ob und aus welchen Gründen die für erwiesen angenommene That für nicht strafbar erachtet worden ist.

3. In der **Urtheilsausfertigung** sind die Namen des Angeschuldigten und der Mitglieder des Ehrengerichts

aufzuführen, der Tag der Sitzung zu bezeichnen sowie die Urtheilsformel und die Gründe anzuführen. Die Ausfertigung ist mit dem Siegel des Patentamts zu versehen.

4. Die Zustellung des Urtheils hat unter allen Umständen und zwar an den Angeschuldigten selbst, nicht an den Vertheidiger zu erfolgen, gleichviel, ob der Angeschuldigte bei Verkündung des Urtheils zugegen war oder nicht: denn erst von der Zustellung ab läuft die Frist zur Einlegung der Berufung (§ 11).

Für das bei der Zustellung zu beobachtende Verfahren finden die Vorschriften der CPO. über Zustellungen entsprechende Anwendung (§ 37 StPO. u. §§ 208 ff. CPO.). Danach hat für die Bewirkung der Zustellung das Bureau des Patentamts Sorge zu tragen: es hat das zu übergebende Schriftstück in einem durch das Amtssiegel verschlossenen, mit der Adresse der Person, an welche zugestellt werden soll, versehenen und mit einer Geschäftsnummer bezeichneten Briefumschlag einem Kanzleidiener oder durch letzteren der Post zur Zustellung an den Angeschuldigten auszuhändigen. Auf den Briefumschlag ist der Vermerk zu setzen: Vereinfachte Zustellung. Die auf dem Briefumschlag angegebene Geschäftsnummer ist in den Akten zu vermerken. Die Beurkundung der Zustellung durch den Kanzleidiener oder den Postboten erfolgt in der Weise, daß über die Zustellung eine Urkunde aufgenommen wird, welche die Uebergabe des seinem Verschlusse, seiner Adresse und seiner Geschäftsnummer nach bezeichneten Briefumschlages, sowie die Abschrift der Zustellungsurkunde bezeugen muß. Die Zustellungsurkunde selbst muß enthalten: Ort und Zeit der Zustellung, die Bezeichnung der Person, an welche zugestellt werden soll, die Bezeichnung der Person, welcher zugestellt worden ist, im Falle der Verweigerung der Annahme die Erklärung, daß die Annahme verweigert und das zu übergebende Schriftstück am Orte der Zustellung zurückgelassen worden ist, sowie die Unterschrift des vollziehenden Beamten. Eine Abschrift der Zustellungsurkunde ist nicht zu übergeben, wohl aber ist der Tag der Zustellung auf dem Briefumschlage zu vermerken. Die Zustellungsurkunde ist dem Bureau des Patentamts zu überliefern.

Ist der Aufenthalt des Angeschuldigten unbekannt, so erfolgt die Zustellung durch das Bureau des Patentamts von Amtswegen, und zwar durch Anschlag der zuzustellenden Ausfertigung oder einer beglaubigten Abschrift des entscheidenden Theiles (Tenor des Urtheils) im Patentamt (§§ 203ff. CPO. u. § 40 StPO.).

5. Das ehrengerichtliche Verfahren erster und zweiter Instanz ist gebührenfrei. Nur hat der Angeschuldigte im Falle seiner Verurtheilung die durch das Verfahren erwachsenen baaren Auslagen zu erstatten, d. h. die aus der Kasse des Patentamts bestrittenen Kosten und Gebühren für Zeugen und Sachverständige, Gutachten und für anderweitige Beweisaufnahmen, z. B. Einnahme des Augenscheins.

§. 12.

Gegen die Entscheidung [1]) steht dem Angeschuldigten [2]) die Berufung [3]) zu.

Die Berufung ist innerhalb eines Monats [4]) nach der Zustellung [5]) der Entscheidung schriftlich [6]) bei dem Patentamt [7]) einzulegen.

Ueber die Berufung entscheidet der Ehrengerichtshof.[8]) Er besteht aus drei Mitgliedern des Patentamts, von denen der Vorsitzende und ein Mitglied rechtskundig sein müssen, und vier Patentanwälten. Auf das Verfahren finden die Vorschriften des §. 9 Abs. 2, 3 und der §§. 10, 11 entsprechende Anwendung.[9])

1. Nur gegen eine zu Ungunsten des Angeschuldigten ergehende End- nicht Zwischenentscheidung findet die Berufung statt. Gegen Zwischenentscheidungen ist ein Rechtsmittel nicht gegeben, abgesehen von der allgemeinen Beschwerde im Dienstaufsichtswege wegen etwaiger dienstlicher Verstöße.

2. Nur dem Angeschuldigten und seinem etwaigen gesetzlichen Vertreter (§§ 6, 1896 ff. BGB.) steht das Rechtsmittel zu.

3. Nur das Rechtsmittel der Berufung steht dem Angeschuldigten zur Verfügung, nicht etwa auch die Wiedereinsetzung in den vorigen Stand im Sinne der StPO. (§§ 42 ff.), wenn der Angeschuldigte infolge Naturereignisse oder anderer unabwendbarer Zufälle oder wenn er ohne sein Verschulden von der Zustellung der Ladung zur Verhandlung keine Kenntniß erlangt haben sollte und aus diesem oder einem der ersteren Gründe zur Verhandlung nicht hätte erscheinen können.

4. Die Berufungsfrist beträgt einen Monat und ist eine Ausschluß- (Noth-) Frist. Wird die Berufung verspätet eingelegt, so ist sie als unzulässig zu verwerfen. Andererseits kann aber nach rechtzeitiger Einlegung der Berufung eine Frist zu ihrer Rechtfertigung gewährt werden.

Die Frist läuft erst von der Zustellung ab, unbeschadet des Rechtes, das Rechtsmittel schon früher, z. B. bei Verkündung des Urtheils einzulegen.

5. Ueber Zustellung vergl. das zu § 11 Anm. 4 Gesagte.

6. Die Einlegung der Berufung hat schriftlich d. h. mittelst eines einzureichenden Schriftsatzes zu erfolgen; mündliche Erklärung der Einlegung des Rechtsmittels etwa im Anschluß an die Urtheilsverkündigung ist wirkungslos, Erklärung zu Protokoll ausgeschlossen.

Der Schriftsatz, durch den die Berufung eingelegt wird, muß die Bezeichnung des Urtheils, gegen welches die Berufung sich richtet, sowie die Erklärung, daß gegen dieses Urtheil Berufung eingelegt werde, enthalten. Auf den Ausdruck „Berufung" kommt es nicht an, sondern nur darauf, daß eine Beschwerde, eine Unzufriedenheit mit der ergangenen Entscheidung geäußert wird Einer besonderen Begründung der Berufung bedarf es nicht. Unterbleibt die Begründung des Rechtsmittels, so wird von dem Ehrengerichtshof von Neuem über sämmtliche Anschuldigungspunkte, welche der zu Ungunsten des Angeschuldigten ergangenen Entscheidung zu Grunde gelegt sind, verhandelt, aber nur über diese, weil sonst die auch hier gesetzlich unzulässige reformatio in pejus erfolgen würde. (RGE. Str. XXV, 244, XXVI, 167.) Immerhin wird sich eine nähere Begründung der Berufung schon vor der Verhandlung vor dem Ehrengerichtshof zur besseren Klarstellung der Sache empfehlen.

7. Die Einlegung der Berufung erfolgt beim Patentamt, ohne daß sie an das Ehrengericht oder den Ehrengerichtshof besonders zu richten wäre.

8. Ueber die Berufung entscheidet, auch wenn sie verspätet eingelegt ist, der Ehrengerichtshof. Wie das Ehrengericht besteht auch der Ehrengerichtshof aus ständigen oder nichtständigen Mitgliedern des Patentamts und Berufsgenossen des Angeschuldigten, und zwar aus

drei bezw. vier. Erstere — zwei rechtskundige, von denen eines den Vorsitz führt, und ein technisches Mitglied — werden vom Reichskanzler für jedes Jahr im Voraus bestimmt, während die zum Ehrengerichtshof berufenen vier Patentanwälte für jede Spruchsitzung (Schlußverhandlung) in einer öffentlichen Sitzung der Beschwerdeabtheilnng I des Patentamts von den zwanzig vom Reichskanzler für jedes Jahr bezeichneten Patentanwälten ausgeloost werden. Vgl. auch § 10 Anm. 1.

9. Das Verfahren vor dem Ehrengerichtshof gleicht im Allgemeinen dem vor dem Ehrengericht zu beobachtenden. Vgl. hierzu das zu § 9 Anm. 3—7 und zu §§ 10, 11 Gesagte.

§. 13.

Stellt[1]) der Angeschuldigte vor rechtskräftiger Entscheidung[2]) den Antrag, seinen Namen in der Liste zu löschen, so ist das Verfahren einzustellen. Dem Angeschuldigten fallen die baaren Auslagen des Verfahrens zur Last.[3])

1. Im Interesse des Angeschuldigten ist ihm die Befugniß gegeben, gegen Verzicht auf ferneres Bestehen seiner Eintragung in der Liste, das Verfahren niederschlagen zu lassen, gleichgültig, welche Anschuldigung gegen ihn erhoben ist. Da der Zweck des ehrengerichtlichen Verfahrens ist, in Fällen schwerer Vergehungen des Angeschuldigten seine Löschung in der Liste herbeizuführen, so erübrigt sich ein weiteres Verhandeln, falls der Angeschuldigte selbst seine Löschung beantragt. Stellt der Angeschuldigte den Antrag auf Löschung in der Spruchsitzung, so ist die Einstellung des Verfahrens durch Beschluß auszusprechen. S. § 11 Anm. 1.

2. Der Antrag ist vor rechtskräftiger Entscheidung zu stellen; er ist also nicht mehr zulässig, wenn der Angeschuldigte auf Einlegung eines Rechtsmittels gegen die Entscheidung des Ehrengerichts verzichtet hat, da ein solcher Verzicht unwiderruflich ist, oder wenn die Berufung verspätet eingelegt, oder nachdem vom Ehrengerichtshof (II. Instanz) die Endentscheidung verkündet ist.

3. Ueber die Verpflichtung des Angeschuldigten zur Erstattung der baaren Auslagen vgl. das zu § 11 Anm. 5 Gesagte.

§. 14.

Für jedes Jahr[1]) im voraus werden vom Reichskanzler diejenigen Mitglieder des Patentamts bestimmt, welche nach den §§. 10, 12 an dem Verfahren mitzuwirken haben, und zwanzig Patentanwälte[2]) bezeichnet, von welchen in einer öffentlichen Sitzung[3]) der Beschwerdeabtheilung I des Patentamts für jede Spruchsitzung[4]) die erforderliche Anzahl von Beisitzern ausgeloost wird.

1. Da das Gesetz mit dem 1. Okt. 1900 in Kraft tritt, so wird auch das Geschäftsjahr für die Mitglieder der Ehrengerichte von diesem Tage ab zu rechnen sein.

2 Vgl. hierzu die Uebergangsbestimmungen im § 22.

3. Die Sitzung ist für Jedermann zugängig auch ohne den Nachweis eines besonderen Interesses.

4. Unter Spruchsitzung ist jede Sitzung zu verstehen, an welcher das gesammte zur Entscheidung nach §§ 10 u. 12 berufene Kollegium theilzunehmen hat.

§. 15.

Die Eintragungen und Löschungen in der Liste der Patentanwälte[1]) sind zu veröffentlichen.[2])

1. Es erscheint selbstverständlich, daß, wenn der Stand der berufsmäßigen Vertreter nach dem Gesetz in Zukunft ein rechtlich anerkannter und organisirter sein soll, dem gewerblichen Rechtsschutz suchenden Publikum bekannt sein muß, wer diesem Stande angehört, wem es sich anzuvertrauen hat. Infolge dessen werden die in der Liste erfolgten Eintragungen und Löschungen öffentlich bekannt gemacht. Die Liste selbst ist jedoch beschränkt öffentlich. Ihre Einsichtnahme steht nicht Jedermann zu; nur ihr Inhalt soll mitgetheilt werden und zwar durch öffentliche Bekanntmachung oder auch durch Mittheilung auf besondere Anfragen. Die Liste hat den Namen, Vor- und Zunamen sowie den Wohnort des Anwalts, auch den Tag der Eintragung und der Löschung zu enthalten. In gleicher Weise ist in der Liste eine besondere Spalte zum Zwecke der einzutragenden ständigen Vertreter der Patentanwälte (§§ 16, 21 Abs. 2) einzurichten.

2. Die Veröffentlichung erfolgt von Zeit zu Zeit in dem amtlichen Blatt des Patentamts, Blatt für Patent-, Muster- und Zeichenwesen sowie im Reichsanzeiger.

§. 16.

Die Patentanwälte können für Personen, welche sie mit ihrer ständigen Vertretung im Verkehre mit dem Patentamte beauftragt haben, die Eintragung in eine besondere Spalte der Liste nachsuchen.[1]) Auf die

Eintragung finden die Vorschriften der §§. 2 und 3 entsprechende Anwendung.[2]) Jedoch genügt es, wenn der Einzutragende das einundzwanzigste Lebensjahr vollendet und nach Ablegung der staatlichen oder akademischen Fachprüfung mindestens ein Jahr hindurch eine praktische Thätigkeit auf dem Gebiete des gewerblichen Rechtsschutzes ausgeübt hat. Im Uebrigen finden die Vorschriften der §§. 5 bis 13 auf diese Personen entsprechende Anwendung.

1. Im Laufe der Zeit hat sich ein eigener Stand herausgebildet, der sich mit der ständigen berufsmäßigen Vertretung von Patentanwälten befaßt. Auch ihn berücksichtigt das Gesetz, und zwar in der Weise, daß es gegenüber seiner weniger bedeutsamen Stellung und Verantwortlichkeit auch geringere Anforderungen und Voraussetzungen für die Eintragung stellt, die in einer besonderen Spalte der Liste der Patentanwälte zu erfolgen hat. Darnach hat der ständige Vertreter eines eingetragenen Vertreters zwar auch technische Fähigkeiten und die erforderlichen Rechtskenntnisse nachzuweisen, indem er ebenfalls im Inlande als ordentlicher Hörer einer Universität, einer technischen Hochschule oder einer Bergakademie dem Studium naturwissenschaftlicher und technischer Fächer obgelegen und alsdann eine staatliche oder akademische Fachprüfung abgelegt haben muß; es wird jedoch von ihm nicht verlangt, daß er wie der die Eintragung in die Liste nachsuchende Patentanwalt gewerblich praktisch thätig gewesen ist, ebensowenig, daß er die für die Patentanwälte vorgeschriebene patentamtliche Prüfung ablegt, vielmehr genügt für ihn nur ein- — nicht

zweijährige — Ausübung praktischer Thätigkeit auf dem Gebiete des gewerblichen Rechtsschutzes sowie die Vollendung des einundzwanzigsten Lebensjahres, dagegen muß auch er seinen Wohnsitz im Inlande haben, in der Verfügung über sein Vermögen durch richterliche Anordnung nicht beschränkt sein und sich eines unwürdigen Verhaltens nicht schuldig gemacht haben; im Uebrigen ist er aber, was gewissenhafte Berufserfüllung und ehrenhaftes Verhalten, amtliche Inpflichtnahme, Löschung in der Liste und Unterwerfung unter das patentamtliche Ehrengericht betrifft, genau so gestellt, wie der Patentanwalt.

2. In seiner Fürsorge geht das Gesetz noch weiter, und zwar gegenüber denjenigen Patentanwaltsvertretern, welche bereits seit einiger Zeit, und zwar seit dem 1. Januar 1899, diesem Berufe obgelegen haben. S. hierüber § 10.

§. 17.

Der Präsident des Patentamts ist befugt, Personen, welche, ohne in die Liste eingetragen zu sein, die Vertretung vor dem Patentamte berufsmäßig betreiben, von dem Vertretungsgeschäft auszuschließen.[1]) Auf Rechtsanwälte findet diese Vorschrift keine Anwendung.[2])

1. Dem Zwecke des Gesetzes entsprechend soll das gewerblichen Rechtsschutz suchende Publikum, falls es sich eines Beistandes bedienen will, thunlichst einen der eingetragenen Patentanwälte oder einen Rechtsanwalt zum Beistand wählen, weil sie die erforderliche Gewähr für verläßliche Unterstützung bieten; nur auf diese Weise sollen und können auch die bisher durch unberufene Vertreter herbeigeführten Uebelstände beseitigt werden. Um

Vertreter letzterer Art nach Möglichkeit fernzuhalten, ist es in das freie Ermessen des Präsidenten des Patentamts gestellt, Personen zurückzuweisen, welche berufsmäßig, also nicht nur gelegentlich Andere in den zum Geschäftskreise des Patentamts gehörigen Angelegenheiten vor letzterem vertreten. Zu diesen Personen würden nicht nicht eingetragene Patentagenten, nicht eingetragene Patentanwaltsvertreter oder Vertreter oder Gehülfen der ersteren zu rechnen sein. Die die Ausschließung dieser Person anordnende Verfügung des Präsidenten des Patentamtes bedarf keiner auszusprechenden Begründung.

§. 18.

Die berufsmäßige Vertretung anderer Personen vor dem Patentamte darf Patentanwälten auf Grund der Vorschrift im §. 35 Abs. 3 der Gewerbeordnung nicht untersagt werden.[1])

1. Zur Behebung aller etwaigen Bedenken spricht das Gesetz noch besonders aus, daß die Bestimmungen der Gewerbeordnung in § 35 Abs. 3, welche bisher die einzige gesetzliche Maßnahme für die berufsmäßige Vertretung vor dem Patentamt enthielten, auf letztere keine Anwendung mehr zu finden haben. Nach der Absicht des Gesetzes soll die Ueberwachung des Vertreterstandes in die Hand des Patentamts und der Ehrengerichte gelegt werden. Denn die Beaufsichtigung eines nunmehr geschlossenen Standes seitens verschiedener, auch staatlich nicht verwandter Behörden würde nur zu leicht Unzuträglichkeiten hervorrufen können. Wohl aber bleiben die Bestimmungen der Gewerbeordnung gegenüber den nicht eingetragenen Vertretern in Angelegenheiten gewerblichen Schutzes be-

stehen. Andererseits werden auch die eingetragenen Patentanwälte nach § 35 Abs. 4 Gewerbeordnung den Beginn ihres Geschäftsbetriebes nach wie vor der Polizeibehörde anzuzeigen haben.

§. 19.[1])

Mit Geldstrafe bis zu dreihundert Mark[2]) und im Unvermögensfalle mit Haft wird bestraft, wer, ohne als Patentanwalt eingetragen zu sein, sich als Patentanwalt bezeichnet oder sich einen ähnlichen Titel beilegt, durch den der Glaube erweckt wird, der Inhaber sei als Patentanwalt eingetragen.

1. Durch die Eintragung in die Liste erlangt der Patentanwalt nicht allein die Rechte und Pflichten eines solchen, sondern auch die Befugniß zur Führung des Titels „Patentanwalt". Um einen wirksameren Schutz der Stellung der Patentanwälte herbeizuführen, andererseits um auch dem schutzsuchenden Publikum die Möglichkeit zu geben, sich eines Beistandes zu bedienen, der ihm infolge gesetzlicher Anerkennung die erforderliche Gewähr bietet, seine Gerechtsame in verläßlicher Weise zu führen, ist auch die äußere Kennzeichnung des berufsmäßigen Vertreters in gewerblichen Schutzangelegenheiten eingeführt. Um diesen Schutz thunlichst wirksam zu gestalten, ist die Führung des Titels „Patentanwalt" seitens einer nicht eingetragenen Person unter Strafe gestellt. Es soll aber auch nicht der Anschein erweckt werden, als sei Jemand gesetzlich anerkannter Vertreter, der es nicht ist, und deshalb ist auch die Führung ähnlicher Titel nicht gestattet Zu letzteren würde z. B. die Bezeichnung „geprüfter, approbirter, staatl. anerkannter Patentagent" gehören, während

die Bezeichnung Patentagent, Patentvermittler, Patentbureauinhaber u. s. w. zulässig ist.

2. Die unerlaubte Führung des Titels „Patentanwalt" stellt sich mit Rücksicht auf den angedrohten Strafhöchstbetrag nach § 1 Abs. 2 StGB. als ein Vergehen dar, der Strafmindestbetrag beträgt danach drei Mark. Zur Strafverfolgung bedarf es nicht der Stellung eines Antrages. Zuständig sind die Schöffengerichte. Das Vergehen verjährt nach § 67 Abs. 2 StGB. in drei Jahren.

§. 20.

Auf diejenigen, welche zur Zeit des Inkrafttretens dieses Gesetzes das Vertretungsgeschäft für eigene Rechnung berufsmäßig betreiben, findet §. 17 erst vom 1. April 1901 ab Anwendung. Wer von ihnen bis dahin die Erfüllung der im §. 3 bezeichneten Voraussetzungen nachweist und die Zulassung zur Prüfung (§. 4) beantragt, kann, sofern nicht einer der im §. 2 Abs. 2 bezeichneten Fälle vorliegt, bis zur endgültigen Entscheidung über seine Eintragung in die Liste vom Vertretungsgeschäfte nicht ausgeschlossen werden.

Wer zur Zeit des Inkrafttretens dieses Gesetzes das Vertretungsgeschäft für eigene Rechnung seit 1. Januar 1899 berufsmäßig betreibt, ist, sofern seine Geschäftsführung und sein Verhalten in Ausübung des Berufs sowie außerhalb desselben zu erheblichen Anständen keinen Anlaß gegeben hat, auf Antrag in die Liste der Patentanwälte einzutragen, auch wenn er die in den §§. 3 und 4 bezeichneten Voraussetzungen nicht erfüllt.

Der Antrag, über welchen die Prüfungskommission beschließt, ist spätestens bis zum 1. April 1901 zu stellen. Gegen eine den Antrag ablehnende Entscheidung steht dem Antragsteller die Beschwerde zu. Die Beschwerde ist innerhalb eines Monats nach der Zustellung der Entscheidung schriftlich bei dem Patentamt anzumelden. Ueber die Beschwerde entscheidet endgültig der Ehrengerichtshof (§. 12 Abs. 3). Auf das Verfahren finden die Vorschriften des §. 9 Abs. 2, 3 und der §§. 10, 11 entsprechende Anwendung. Bis zur endgültigen Entscheidung kann der Antragsteller vom Vertretungsgeschäfte nicht ausgeschlossen werden.

§§ 20, 21 enthalten die Uebergangsbestimmungen.

Seitdem das Pat.Ges vom 25. Mai 1877, späterhin die Novelle zu demselben vom 7. August 1891 und das Gebrauchsmusterschutzgesetz vom 1. Juni 1891 sowie das Waarenzeichenschutzgesetz vom 12. Mai 1894 in Kraft stehen, hat der gewerbliche Rechtsschutz immer mehr an Beachtung und Bedeutung zugenommen. Zur Unterstützung des Publikums bei Nachsuchung des Rechtsschutzes hat sich im Laufe der Zeit ein eigener Stand herausgebildet, dessen staatliche Anerkenung und Organisation das vorliegende Gesetz bezweckt. Nun würde aber gegenüber denjenigen Vertretern in gewerblichen Schutzangelegenheiten, welche bereits das Vertretergeschäft berufsmäßig betreiben und in diesem Berufe sich bewährt haben, unverkennbar eine Härte darin liegen, wenn das Gesetz an sie dieselben Anforderungen, namentlich rücksichtlich der Ablegung der Prüfung, stellen würde, wie sie sonst von den Eintragung suchenden Patentanwälten zu erfüllen sind Die Ansprüche, welche das Gesetz zu seiner Ueberleitung von ihnen verlangt, sind vielmehr niedriger gestellt. Es unterscheidet solche Vertreter, welche überhaupt das Vertretergeschäft erst zur Zeit seines Inkrafttretens und solche, die es bereits seit dem 1. Januar 1899 betreiben.

Zunächst sind beide Gruppen bis zum 1. April 1901 dem Gesetz insofern noch nicht unterworfen, als sie bis dahin vom Vertretungsgeschäft nicht ausgeschlossen werden können. (§ 17.) Falls sie jedoch für die spätere Zeit als zugelassene Patentagenten, als Patentanwälte gelten wollen, haben sie bis zum letztgenannten Tage den Nachweis ihrer technischen Befähigung nach Vorschrift des § 3 zu führen und die Zulassung zur Prüfung nach § 4 zu beantragen, sowie auch alle diejenigen Anforderungen, namentlich rücksichtlich ihres dienstlichen und außerdienstlichen Verhaltens, zu erfüllen, die das Gesetz an jeden stellt, der sich bisher mit dem berufsmäßigen Vertretungsgeschäft in Patent- u. s. w. Sachen nicht befaßt hat. Der Antrag ist bei Verlust dieses Vorrechts bis zum 1. April 1901 beim Patentamt zu stellen. Das weitere Verfahren richtet sich nach den Vorschriften der §§ 2—4. Der Bewerber hat sonach seine Fähigkeiten und Kenntnisse nachzuweisen und sich der Prüfung zu unterziehen. Erfüllt er beide Anforderungen, dann steht seiner Eintragung nichts entgegen. Bis zur endgültigen Entscheidung über den Antrag auf Eintragung, also auch wenn der Bewerber die erstmalige Prüfung nicht besteht, bleibt ihm die Ausübung des Vertretungsgeschäftes unbenommen.

Eine noch größere Rücksicht läßt das Gesetz der zweitgenannten Gruppe, den sog. älteren bisherigen Patentagenten, die also das Vertretungsgeschäft seit 1. Januar 1899 betreiben, zu Theil werden: sofern ihre Geschäftsführung und ihr Verhalten innerhalb und außerhalb des Berufes keine erhebliche Beanstandung veranlaßt haben, sind sie von allen vom Gesetz sonst an jeden Bewerber um die Eintragung in die Anwaltsliste gestellten Anforderungen befreit und in die Liste einzutragen.

Aber auch hier ist der Antrag auf Eintragung in die Anwaltsliste bei Vermeidung des Verlustes des Vorrechtes bis zum 1. April 1901 zu stellen; über ihn befindet zunächst die Prüfungskommission (s. § 4 Abs. 4 und Anhang), im Falle der Zurückweisung des Antrags auf die binnen Monatsfrist von der Zustellung der Entscheidung ab einzulegende Beschwerde der Ehrengerichtshof, da es sich hier um eine Beurtheilung der persönlichen Fähigkeiten und der Führung des Bewerbers handelt. Auch hier darf dem Bewerber bis zur endgültigen Erledigung des Verfahrens die Ausübung des Vertretungsgeschäftes nicht versagt werden.

§. 21.

Wer seit dem 1. Januar 1899 das Vertretungsgeschäft berufsmäßig, wenn auch nicht auf eigene Rechnung, betreibt[1]) oder wer als technischer Beamter im Patentamte mindestens zwei Jahre hindurch thätig gewesen ist,[2]) kann, sofern er durch seine Thätigkeit und durch sein Verhalten zu erheblichen Anständen keinen Anlaß gegeben hat, auf seinen Antrag das Zeugniß über die Befähigung als ständiger Vertreter eines Patentanwalts (§. 16) erhalten, auch wenn er die Voraussetzungen des §. 3 nicht erfüllt.[3]) Auf den Antrag und das weitere Verfahren finden die Vorschriften des §. 20 Abs. 3 Anwendung.

Wer das Zeugniß erhalten hat, ist auf Antrag eines Patentanwalts, der ihn mit seiner ständigen Vertretung beauftragt hat, in die besondere Spalte der Liste (§. 16) einzutragen. Auf seinen eigenen Antrag ist er zur Prüfung (§. 4) zuzulassen und im Falle des Bestehens der Prüfung, sofern nicht einer der im §. 2 Abs. 2 vorgesehenen Hinderungsgründe vorliegt, als Patentanwalt einzutragen.[4])

Eine Entbindung von der Prüfung kann durch einstimmigen Beschluß der Prüfungskommission erfolgen, wenn der Besitz der erforderlichen Kenntnisse durch die bisherige Thätigkeit dargethan ist. Ein hierauf bezüglicher Antrag ist spätestens bis zum 1. Oktober 1901 zu stellen.

1. Auch derjenigen Personen, welche bisher zwar nicht selbständig, sondern im Dienst eines Andern oder für Rechnung eines Andern, immerhin aber berufsmäßig das Vertretungsgeschäft ausgeübt haben, gedenkt das Gesetz in fürsorglicher Weise. Es verlangt allerdings hier, daß der Beruf mindestens bereits seit dem 1. Januar 1899 ausgeübt wird, fordert aber weder den sonst für die einzutragenden Patentanwälte vorgeschriebenen Nachweis des Besitzes technischer Befähigung und juristischer Kenntnisse noch die Ablegung einer Prüfung, sondern nur, daß die Berufserfüllung und die Führung nicht zu beanstanden sind. Alsdann kann der Bewerber den Antrag auf Ausstellung

eines Zeugnisses über die Befähigung als ständiger Vertreter eines Patentanwaltes stellen. Ueber den Antrag befindet auch hier die Prüfungskommission und, falls letztere den Antrag ablehnt, der Ehrengerichtshof. Hat der Bewerber das Zeugniß über die Befähigung zum ständigen Vertreter eines Patentanwalts erhalten, so ist er zwar nicht auf seinen, wohl aber auf Antrag des Patentanwalts, der ihn mit seiner ständigen Vertretung betraut hat, als ständiger Patentanwaltsvertreter in die Anwaltsliste, und zwar in die für Patentanwaltsvertreter vom Gesetz bestimmte Spalte einzutragen. Vgl. hierüber das zu § 16 Gesagte.

2. Den vorgenannten Personen sind diejenigen Personen gleich gestellt, welche mindestens zwei Jahre im Patentamt als technische Beamte, gleichviel ob ständig oder nur vorübergehend oder probeweise thätig gewesen sind.

3. Vertreter von Patentagenten, welche nicht berufsmäßig, sondern nur vorübergehend oder erst nach dem 1. Januar 1899 das Vertretungsgeschäft betreiben, sind von der vorerwähnten Vergünstigung ausgeschlossen.

4. Das Gesetz will noch dem als solchen in die Liste eingetragenen Patentanwaltsvertreter noch die Brücke zu völliger Selbstständigkeit schlagen, indem es ihn auf seinen, jedoch nur bis zum 1. Oktober 1901 zulässigen Antrag zur Prüfung zuläßt, hierbei auch von der Führung des sonst geforderten Nachweises technischer Befähigung absieht, diesen vielmehr auf Grund der Eintragung des Bewerbers als Anwaltsvertreter als geführt annimmt und nur die Ablegung der nach § 4 vorgeschriebenen Prüfung über den Besitz der erforderlichen Rechtskenntnisse verlangt. Aber auch diese Prüfung kann nach einstimmigem Beschluß der Prüfungskommission dem Bewerber erlassen werden, sofern der Prüfling die erforderlichen

Rechtskenntnisse auf Grund seiner bisherigen praktischen Thätigkeit aufweist.

§. 22.

Dieses Gesetz tritt am 1. Oktober 1900 in Kraft.

Solange die zur Ausführung dieses Gesetzes erforderliche Anzahl von Patentanwälten in die Liste noch nicht eingetragen ist, werden an deren Stelle durch den Reichskanzler Personen bestellt, welche bisher Andere in Angelegenheiten des gewerblichen Rechtsschutzes für eigene Rechnung berufsmäßig vertreten haben.[1])

Urkundlich unter Unserer Höchsteigenhändigen Unterschrift und beigedrucktem Kaiserlichen Insiegel.

Gegeben Wiesbaden, den 21. Mai 1900.

(L. S.) **Wilhelm.**

Graf von Posadowsky.

1. Vgl. hierzu § 14. Auch diese Vorschrift war als Uebergangsbestimmung nothwendig. Da zur Bildung der mit dem 1. Oktober d. J. ins Leben zu rufenden Ehrengerichte zwanzig Patentanwälte zu berufen sind, die aber zu diesem Zeitpunkt nicht zur Verfügung stehen können, so war aus der Zahl der bereits vorhandenen Patentagenten die erforderliche Auswahl zu treffen, ohne an diese die vom Gesetz vorgeschriebenen Anforderungen zu stellen. Mit dem 1. Oktober 1901 ist ihr Mandat erloschen.

Anhang.

Bekanntmachung,
betreffend die
Prüfungsordnung für Patentanwälte,
vom 25. Juli 1900.
(Centralbl. f. d. Deutsche Reich 1900 Nr. 34 S. 475.)

Auf Grund der Bestimmung im §. 4 Abs. 4 des Gesetzes, betreffend die Patentanwälte, vom 21. Mai d. J. (Reichs-Gesetzbl. S. 233) hat der Bundesrath die nachfolgende

Prüfungsordnung für Patentanwälte

beschlossen.

Prüfungsordnung für Patentanwälte.

§. 1. Der Reichskanzler bestimmt für jedes Jahr im voraus diejenigen Mitglieder des Patentamts und diejenigen Patentanwälte, die der Prüfungskommission angehören sollen.

Die Abnahme der Prüfungen sowie die Beschlußfassung in den Fällen der §§. 3 Abs. 2, 16 Satz 2, 20 Abs. 3 und 21 des Gesetzes, betreffend die Patentanwälte, vom 21. Mai 1900 (Reichs-Gesetzbl. S. 233) erfolgt seitens der Prüfungskommission in der Besetzung von drei Mitgliedern, von denen zwei dem Patentamt, eines dem Stande der Patentanwälte oder der im §. 22 des Gesetzes bezeichneten Personen angehören muß. Von den beiden dem Patentamt angehörenden Mitgliedern der Kommission muß mindestens ein Mitglied rechtskundig sein. Ein rechtskundiges Mitglied führt den Vorsitz. Die im einzelnen Falle zur Mitwirkung berufenen Mitglieder der Prüfungskommission werden von dem Präsidenten des Patentamts bestimmt.

§. 2. Anträge, deren Erledigung der Prüfungskommission obliegt, sind an das Patentamt zu richten.

Es sind beizufügen:

1. ein eigenhändig geschriebener Lebenslauf,
2. die zur Begründung des Antrags nach dem Gesetz erforderlichen Nachweise.

§. 3. Anträge, deren Erledigung die Abnahme der Rechtsprüfung (§. 4) voraussetzt, werden, nachdem festgestellt worden ist, daß der Zulassung zur Prüfung Bedenken nicht entgegenstehen, vom Präsidenten des Patentamts der Prüfungskommission überwiesen.

§. 4. Die Prüfung über den Besitz der erforderlichen Rechtskenntnisse auf dem Gebiete des gewerblichen Rechtsschutzes (§. 4 des Gesetzes) zerfällt in eine schriftliche und eine mündliche.

Die schriftliche Prüfung geht der mündlichen vorauf und findet unter Aufsicht statt. Sie hat die Bearbeitung einer wissenschaftlichen und einer praktischen Aufgabe zum Gegenstande. Die Aufgaben werden vom Vorsitzenden der Prüfungskommission unter Festsetzung einer Frist für deren Lösung und unter Bezeichnung der zulässigen Hülfsmittel gestellt.

Vor Eintritt in die Prüfung ist an die Kasse des Patentamts eine Gebühr von 100 Mark zu zahlen, welche zur Hälfte zurückgezahlt wird, wenn der Antragsteller vor Beginn der Prüfung seinen Rücktritt erklärt.

§. 5. Nachdem die schriftlichen Arbeiten von denjenigen Mitgliedern der Prüfungskommission, vor denen die mündliche Prüfung abgelegt werden soll, begutachtet worden sind, wird der Antragsteller zur mündlichen Prüfung geladen. Dieselbe ist nicht öffentlich. Zu einem Prüfungstermine sollen nicht mehr als drei Personen geladen werden.

§ 6. Die Frage, ob die Prüfung bestanden sei oder nicht, wird nach dem Gesammtergebnisse der schriftlichen und mündlichen Prüfung durch Stimmenmehrheit entschieden.

Der Verlauf und das Ergebniß der Prüfung ist zu den Akten zu vermerken. Ueber das Ergebniß erhält der Antragsteller eine Bescheinigung.

Im Falle des Nichtbestehens kann, wenn die schriftlichen Arbeiten nach dem einstimmigen Urtheile der Prüfungskommission den Anforderungen genügen, die Wiederholung der Prüfung auf die mündliche Prüfung beschränkt werden, sofern der Antrag auf Zulassung zu der wiederholten Prüfung innerhalb eines Jahres seit dem Tage der nicht bestandenen mündlichen Prüfung gestellt wird.

§. 7. Versäumt der Antragsteller ohne genügende Entschuldigung zweimal den Termin zur schriftlichen oder mündlichen Prüfung, so kann die Prüfung durch Beschluß der Prüfungskommission als nicht bestanden erklärt werden.

Berlin, den 25. Juli 1900.

Der Reichskanzler.

Im Auftrage: Rothe.

Sachregister.

(Die Zahlen bedeuten die Seiten.)

W.

Z.

Druck von Otto Walter in Berlin S.